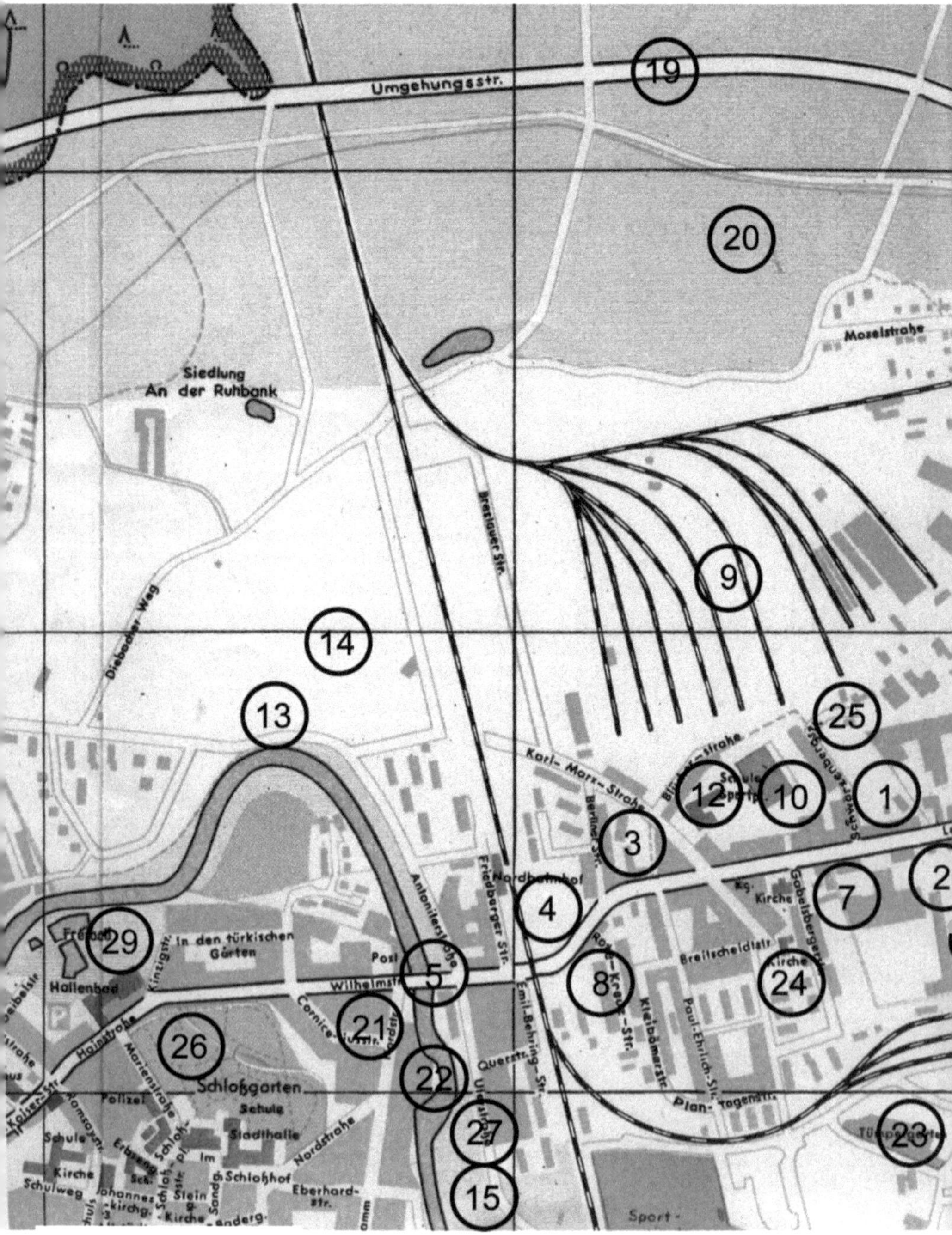

Umgehungsstr.
19
20
Moselstrahe
Siedlung
An der Ruhbank
Breslauer Str.
9
Diebacher Weg
14
13
25
Karl-Marx-Strahe
12
10
1
Berliner Str.
3
Nordbahnhof
4
Friedberger Str.
7
2
Kirche
Gabelsbergerstr.
In den türkischen Gärten
29
Antoniterstraße
Post
5
Wilhelmstr.
8
Breitscheidstr.
Kirche
24
Hallenbad
21
Emil-Behring-Str.
Kleibömerstr.
Paul-Ehrlich-Str.
Hainstrahe
26
22
Querstr.
Schloßgarten
Polizei
Schule
Stadthalle
Nordstrahe
27
23
Schule
Kirche
Schlohhof
Schulweg
Eberhard-str.
15
Sport-

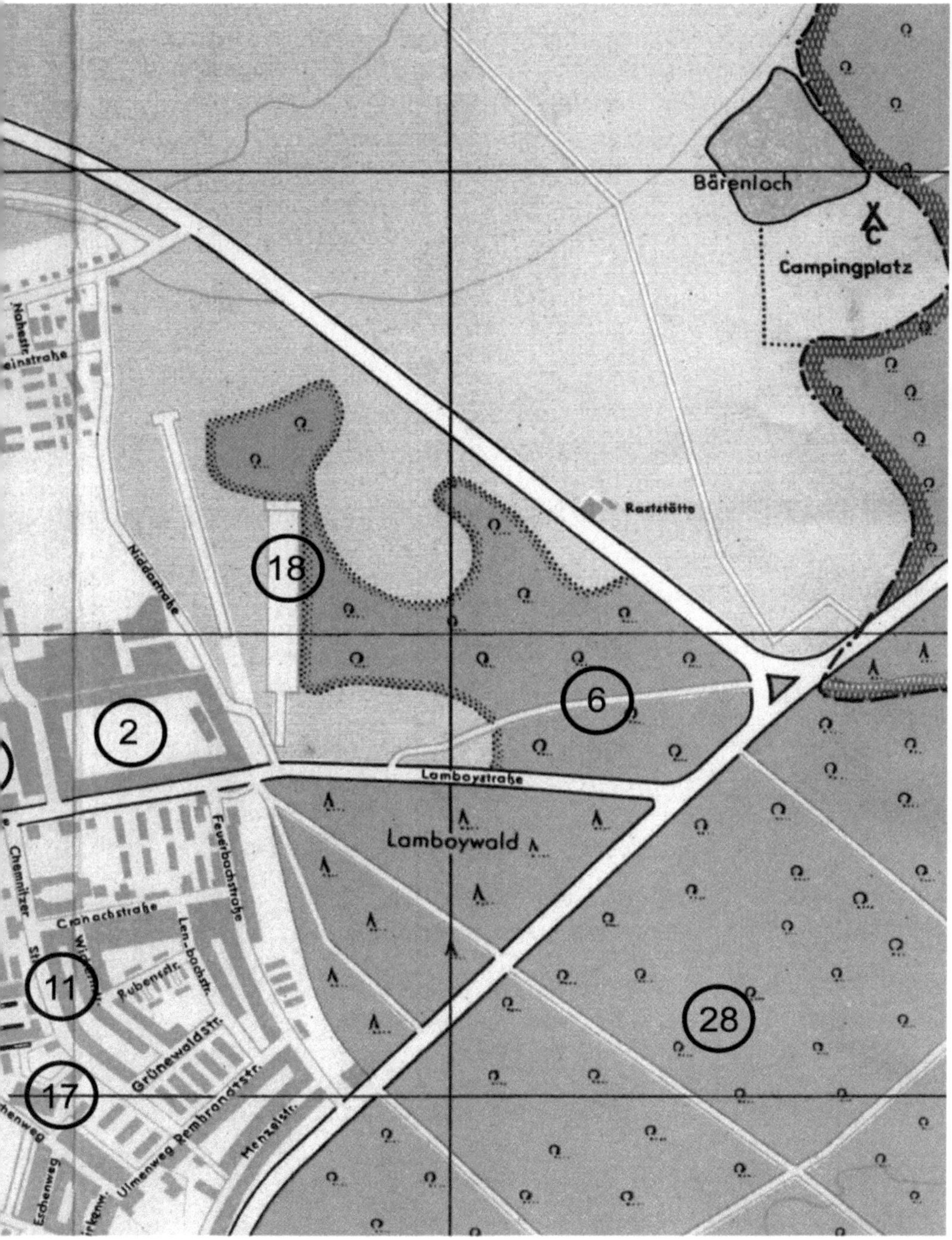
Bärenloch
Campingplatz
Raststätte
Nahestr.
Niddastraße
18
2
6
Lamboystraße
Lamboywald
Feuerbachstraße
Chemnitzer
Cranachstraße
Len-bachstr.
Rubensstr.
11
Grünewaldstr.
Rembrandtstr.
Menzelstr.
Ulmenweg
17
Eschenweg
28

Bibliografische Information der Deutschen Nationalbibliothek:Die Deutsche Nationalbibliothek verzeichnet diese Publikation in der Deutschen Nationalbibliografie; detaillierte bibliografische Daten sind im Internet über http://dnb.ddb.de abrufbar.

ISBN 978-3-86870-111-1

http://www.martin-limpert.com

Umschlaggestaltung und Bildbearbeitung:

dein-werbestudio.de

www.rediroma-verlag.de

19,95 Euro (D)

Martin Limpert

Hanauer Erinnerungen

Ein Rückblick in die Zeit der Jugend, an Hanau und das Lamboy

Inhalt:

Zwischen den Zeiten

Ein Mensch lebt noch mit letzter List
In einer Zeit, die nicht mehr ist.
Ein anderer, grad so unbeirrt,
Lebt schon in einer, die erst wird

Eugen Roth

Vorwort

Wisst Ihr noch – damals ...?

Wir haben es tatsächlich geschafft. Kaum zu glauben, aber so isses!

Nach dem heutigen Stand der Wissenschaft müssten wir alle, die in den Fünfzigern bis Anfang der Siebziger aufgewachsen sind, längst tot sein.

In den Kneipen und Restaurants standen noch Aschenbecher auf den Tischen. Unsere Kinderbetten waren mit bleihaltigen Farben gestrichen, ganz zu schweigen vom Tapetenleim und dem Kleber des Linoleums. Filzstifte und Klebstoffe hatten Ausdünstungen, die benebelten. Das Blitzlicht am Fotoapparat hatte noch ein Glühbirnchen, das nach jedem Gebrauch ausgetauscht werden musste. Steckdosen, Medizinflaschen, Schranktüren und Schubladen waren damals noch nicht kindersicher.

Schere, Messer und Feuer waren uns zwar verboten, aber meistens mussten wir uns erst einmal daran verletzen, um an ihre Gefährlichkeit zu glauben. Unsere Fahrräder, Roller und Rollschuhe fuhren wir ohne Gelenkschützer und Helme. Wir haben uns zwar auch die Knochen gebrochen (ich gleich zweimal das Schlüsselbein, einmal den linken Ellenbogen), die sind aber auch wieder zusammengewachsen.

Wer weiß heute noch, wer das Fräulein vom Amt ist? Was bitte schön sind drei Durchschläge, oder was bedeutet cc? Die Bedeutung weiß heute kein Mensch mehr. Kohlepapier-Durchschläge (Carbon Copy) sind aus unserem Sprachschatz verschwunden und unseren Kindern nur schwer vermittelbar.

Die Risiken per Anhalter in den nächsten Ort zu fahren waren uns unbekannt. Zum Thema Auto erinnere ich mich weder an einen Sicherheitsgurt noch an Airbags, ABS oder ähnliche Sicherheitsvorrichtungen im alten DKW meines Vaters. Man saß als Kind damals auch schon hinten, aber an einem heißen Sommertag gab es doch nichts schöneres, als seinen Kopf aus dem Fenster (das man damals noch mit der Hand runterkurbeln musste) des fahrenden Autos zu stecken und sich den Fahrtwind ins Gesicht blasen zu lassen. Die Kleinlaster hatten früher meist nur drei Räder und hießen Goliath. Die Straßen waren mit „Katzenköpfen" gepflastert, die einfache Fahrzeugtechnik und Federung darauf abgestimmt.

Wasser haben wir direkt aus der Gartenpumpe getrunken. Cola, Limo und so Zeug gab's bei uns nicht. Es gab aber jede Menge Milch aus dem Milchgeschäft und selbst eingekochten Saft vom eigenen Gartenobst mit Leitungswasser verdünnt. Wir aßen

Nudeln mit Kompott, Brot mit fingerdicker Margarine und mit Salz drauf. Wir haben zu fünft aus einer Flasche getrunken und es ist tatsächlich keiner daran gestorben.

Wenn Ferien waren, gingen wir in der Früh raus und haben den ganzen Tag draußen gespielt. Wir kamen erst wieder rein, wenn es dunkel wurde, oder es was zu essen gab. Wir waren ausgetobt und so manches Mal fix und fertig. Wir brauchten keine Extreme oder sonstigen Highlights in Form von Mountainbiking über Stock und Stein die Berge runter, Fallschirmspringen mit Snowboard in Neuschnee oder Rafting. Unser Alltag war auch so mit vielen spannenden Abenteuern und Herausforderungen erfüllt.

Wir waren nicht zu erreichen. Keine Handys. Wir hatten weder Playstations, X-Boxen oder Wii, auch keine PCs oder 50 Fernsehkanäle. Wenn es regnete bauten wir mit Lego oder Holzklötzern ganze Städte im Kinderzimmer auf.

Ins Kino zu gehen war ein Ereignis, für das man sich schön anzog. Es gab noch die Fox-tönende-Wochenschau und Vorfilme. Wenn dann da mal zufällig ein Donald Duck oder Micky Maus Film vor dem Hauptfilm lief, hatte man ganz großes Glück.

Wer erinnert sich noch an Unfälle? Unsere Knie und Knöchel waren von Frühjahr bis Herbst lädiert und ein Schienbein ohne blaue Flecke gab es nicht. Wenn wir uns an Brennnesseln gebrannt haben, oder uns eine Mücke gestochen hatte, haben wir entweder drauf gespuckt oder drauf gepinkelt. Geholfen hat alles. Wir haben gestritten und gerauft, uns gegenseitig grün und blau geprügelt und gelernt damit zu leben und darüber wegzukommen.

Wir waren für unsere Aktionen selbst verantwortlich. Konsequenzen waren immer zu erwarten, wenn wir mal Sch... gebaut haben, gab's halt mal Zehn mit Vaters Ledergürtel auf den Nackten.

Heute in meinem Alter und im letzten Jahrtausend geboren ist meine Vergangenheit größer als die Zukunft. Darum habe ich einmal alles aufgeschrieben wie es damals aus Sicht meines kleinen Kosmoses so war. Ich denke, so geht nichts vergessen. Meine beiden Töchter und meine Enkelkinder (und wer es sonst noch lesen will) sollen ruhig mal wissen, wie ihr Altvorderer aufgewachsen ist. Sicher ist mein Gedächtnis heute nicht mehr so frisch und hier und da macht sich schon das Alter bemerkbar. Einige Zeitzeugen haben sicher aus ihrer Erinnerung eine andere Wahrnehmung der Dinge, die jetzt auf den folgenden Seiten beschrieben sind. Aber dies hier sind meine Kindheits- und Jugenderinnerungen an meine Geburtsstadt Hanau und an das Lamboyviertel ...:

1

Wohnen in der Hanauer Lamboystraße

Aufgewachsen bin ich mit meinem ein Jahr älteren Bruder in Hanau im Lamboyviertel. Wir wohnten im vierten Stock, dem schrägen Dachgeschoss eines alten Mietshauses (1). Das Haus hatte, wie damals im Viertel üblich, einen kleinen Vorgarten. Auf jeder Etage gab es nur eine Wohnung, die recht groß und auch schön hoch waren. Wir hatten sogar schon ein Wasserklo in der Wohnung, nicht wie bei meinen Großeltern in der Karl-Marx-Straße auf dem halben Treppenabsatz. Die Wohnungstüren, das Treppenhaus und die Haustür waren mit aufwendiger Handwerkskunst in Holz – teilweise mit gravierten Glasfenstern – gefertigt.

Nach dem vorderen Haupthaus kamen ein kleiner Hof und ein Hinterhaus mit anschließendem kleinem Gärtchen. Der Hausbesitzer war damals Herr Ulrich, ein alter Fotograf der hauptsächlich von der Ablichtung stolzer Soldaten lebte, die seit dem 1. Weltkrieg in Hanau stationiert waren. Mit seiner Frau bewohnte er den 1. Stock des Haupthauses. Im Hinterhaus hatte er sich ein Atelier eingerichtet. Ich kann mich aber nicht mehr daran erinnern, ob er damals noch Kundschaft hatte. Später ist das Hinterhaus umgebaut und auch vermietet worden.

Alte Ansicht der Lamboystraße – Reproduktion einer Postkarte

An der Wohnungstür der Hausbesitzer mussten wir Kinder ordentlich, leise und gesittet die Holzstufen des Treppenhauses hinabgehen. Abends wurde die Haustür unten mit einem großen Schlüssel abgeschlossen. Treppenhauslicht gab es damals noch nicht. Also musste eine geeignete Taschenlampe mitgenommen werden, wenn es schon dunkel war und man noch mal runter oder rauf wollte. Besucher, die uns abends aufsuchten, hatten es schwer, denn eine Klingelanlage war nicht vorhanden. Also mussten die Besucher laut von der Straße zu uns in den vierten Stock rufen und wenn sie Glück hatten wurden sie auch gehört. Einer von uns ist dann runter gesaust und hat dem Besucher aufgeschlossen. Ebenso ist der Besuch auch wieder nach unten begleitet worden. Wie man sich vorstellen kann, haben wir die 80 Stufen in den vierten Stock mehr als einmal am Tag erklommen.

Geheizt wurde unsere Wohnung mit „fossilen Brennstoffen", die halt damals gebräuchlich waren. Im Winter hing über unserem Wohnviertel und über der ganzen Stadt der markante Geruch der verfeuerten Brennstoffe. Kohlen und Briketts mussten zum Bunkern in den Keller geschafft um dann mühsam in den vierten Stock geschleppt zu werden. Als mein Bruder und ich groß genug waren, war das in der Heizperiode natürlich unsere Aufgabe. Mit je einem Eimer in der rechten und linken Hand sind wir diesen Weg im Winter oft gegangen – 80 Stufen runter, 80 Stufen rauf. Der Brennstoff ist in unserem Wohnviertel von einem Kohlenhändler mit einem zweirädrigen Handwagen aus Holz, der

So hat sich der Schornsteinfeger angemeldet. Er kommt am 17. des Monats. Das Zeichen bedeutet: Öfen aus und keine Wäsche auf dem Dachboden aufhängen.

in meiner Vorstellung riesengroße Räder hatte, ausgeliefert worden. Um Geld zu sparen, wurden die Kohlensäcke vor dem Haus abgestellt und wir haben dann den Brennstoff selbst in den Keller geschafft. Oft hat unser Vater den einen oder anderen Brikett in der Aktentasche von seiner Arbeitsstelle der Bahn, mitgebracht. Das waren halt so kleine außertarifliche Zulagen, die in dieser Zeit häufig gang und gäbe waren.

Die Schornsteine mussten damals nicht nur in unserem Viertel regelmäßig gereinigt werden. Trotzdem waren Kaminbrände in dieser Zeit keine Seltenheit. Der Schornsteinfeger hat sich mit einer weißen Kreidemarkierung auf der Hauseingangsstufe angemeldet. Jeder wusste, dass die Leiterskizze mit Datumsangabe auch eine Aufforderung war, keine Wäsche auf dem Dachboden aufzuhängen und die Öfen nicht zu befeuern.

Da die Häuser früher nicht wärmegedämmt waren, haben wir uns im Winter oft morgens an den Eisblumen am Fenster erfreuen können. Durch die alten Fenster mit nur einer Glasscheibe hat die kalte Winterluft durchgezogen. Unsere Mutter hat am Abend, wenn es dunkel geworden ist, alte Decken und Tücher in halber Höhe vor die Fenster gehängt. Das hat den kalten Luftzug etwas abgehalten und so die Wohnung mit ihren hohen Räumen nicht allzu schnell auskühlen lassen.

Die Küche war damals der wärmste Raum. Wenn die Feuer in

Dachboden über der Wohnung in der Lamboystraße; keine Wärmedämmung, viel Staub und überall Wäscheleinen

den Öfen unserer Wohnung morgens verloschen waren, haben wir mal eben den Backofen des Gasherdes angezündet und die Küche war im Nu mollig warm. Dann erst wurde der Beistellherd für den Tag wieder angefeuert. Darin war das sogenannte Schiffchen eingebaut, dass ständig warmes Wasser zum Spülen und Waschen lieferte.

Unsere Wohnung war im abgeschrägten Dachgeschoss gelegen und hatte drei Zimmer. Wohn-, Schlaf-, Kinderzimmer und die Küche, mit angrenzender Speisekammer sowie (wie schon beschrieben) ein WC bildeten unsere Unterkunft. Die Speisekammer war mein liebster Raum, denn hier stand meistens der am Samstag schon vorbereitete Sonntagsbraten. Zum Beispiel hat unsere Mutter schon samstags das Gulasch in einem gusseisernen Fleischbräter vorgegart. Das leckere Gericht ist dann am Sonntag fertig zubereitet und abgeschmeckt worden. Gerne habe ich vom Vorgebratenen genascht. Natürlich wollte ich dabei nicht erwischt werden, was in diesem Fall sehr schwer war. Um an die leckeren Fleischstückchen zu gelangen, musste die erkaltete Fettschicht oben im Fleischtopf zerstört werden. Das hat mich leider jedes Mal verraten.

Zu dieser Zeit gab es bei uns meistens nur am Sonntag Fleisch. Die Kosten dafür lagen oft außerhalb unserer finanziellen Verhältnisse. Auf unserem Speisezettel standen unter der Woche oft preiswerte Gerichte, wie Reis- und Grießbrei mit Zucker und

Der gute alte „Kathreiner“ hat uns morgens munter gemacht.

Zimt. Der süße Brei wurde auf dem Gasherd angekocht und dann im Federbett fertig gegart. Wir mussten auch Nudeln mit Kompott essen!!! Für das Kompott wurde Trockenobst – gab's in jedem Laden in Kilotüten und hat immer mit auf dem Einkaufszettel gestanden – eingeweicht und gekocht. Samstags hat es deftigen und leckeren Eintopf gegeben. Die pflanzlichen Zutaten dafür haben meine beiden Opas und mein Vater im Garten zwischen Kesselstadt und Wilhelmsbad angebaut und geerntet.

Auch der Genuss von Muggefuck, Ersatzkaffee aus Malz von Lindes, Kathreiner oder Caro am Morgen, sind mir einige Zeit nicht erspart geblieben. Echte Kaffeebohnen waren unerschwinglich und wurden damals achtelpfundweise in kleinen Tütchen verkauft. So ein Päckchen echte Kaffeebohnen diente in dieser Zeit gerne einmal als Mitbringsel. Nur bei Festlichkeiten wurde echter Bohnenkaffee gereicht. Wir Kinder durften die Kaffeebohnen in einer alten Holzkaffeemühle von Hand mahlen. Die kleine Holzschublade, in der sich das kostbare Kaffeemehl gesammelt hatte, wurde vorsichtig in einen Aufsatzfilter für die Kaffeekanne umgefüllt, dabei durfte kein Krümelchen von der teuren Köstlichkeit verloren gehen. Die Kaffeemühle habe ich heute noch als Erinnerungsstück.

Wenn der Vater von der Arbeit heim kam, hatte er manchmal noch etwas von seiner Tagesverpflegung übrig, die meine Mutter

Die alte Kaffeemühle riecht heute noch nach dem Kaffeemehl vergangener Zeiten.

ihm früh morgens zurecht gemacht hatte. Um dieses „Hasenbrot“, das üppig mit herzhafter Wurstware belegt war, haben sich mein Bruder und ich oft gestritten. Das war eine feine Abwechslung zu den sonst warmen Süßspeisen.

Für die damaligen Verhältnisse war unsere Wohnung mit ihren ca. 100 qm recht groß und preiswert. Sehr vorteilhaft war, dass keine andern Mietparteien über oder neben uns wohnten. Über unserer Wohnung war nur noch der Dachboden mit den vielen Wäscheleinen, der über eine schmale und steile Treppe zu erreichen war.

Ich erinnere mich noch, dass Mutter unsere Wäsche im großen Einmachkessel auf dem Herd gewaschen hat. Die Waschküche im Keller wurde – warum auch immer – von den Mietern nicht genutzt. Später irgendwann hat sich Oma aus der Karl-Marx-Straße eine elektrische Waschmaschine angeschafft, die meine Mutter unter strengen Auflagen der Oma manchmal mitbenutzen durfte. Wir sind dann bepackt mit Taschen voll Schmutzwäsche in die Karl-Max-Straße gepilgert und mit frisch gewaschener nasser Wäsche wieder zurück zu uns nach Hause. Aber eines Tages hat auch unsere Mutter Erleichterung für die Wäschepflege der Familie bekommen. Eine gebrauchte Hoover-Waschmaschine wurde angeschafft. Die hatte sogar schon eine unförmige Programmkarte mit vielen Rillen und Löchern für die unterschiedlichen Waschprogramme. Die Waschlauge aus

Diese Stuckarbeit hat die Treppenhausnutzer gleich hinter der Haustür rechts und links begrüßt.
Das tun sie heute noch.

Treppenhaus mit Holzarbeit.
Die mit Bohnerwachs gepflegten Treppenstufen wurden sonntags mit einem alten Wolltuch von mir poliert.

diesem programmierbaren Gerät wurde in einem Putzeimer aufgefangen und für diverse Reinigungsarbeiten oder auch einmal für die Klospülung weiter genutzt.

Hinter unserer Hauseingangstür wurden die Besucher mit je einem Engelchen aus Stuck rechts und links an den Wänden begrüßt. Unser Treppenhaus bestand aus massiven Holzstufen mit entsprechendem schön verziertem Holzgeländer – alles noch komplett und nicht wie in so manchem Nachbarhaus mit unpassenden Teilen geflickt. Die Stufen wurden wöchentlich eingewachst und sonntags morgens mussten wir Kinder die 20 Stufen zu unserer Wohnung mit einem alten Wolltuch blank polieren. Gerne sind wir Jungs auch schon mal auf dem Hosenboden die ganzen glatten Stufen der vier Stockwerke runter gerutscht. Plumps, plumps, plumps ging's die 80 Stufen runter. An unsere Wirbelsäulen haben wir dabei natürlich nicht gedacht.

Gewaschen wurde sich damals morgens in der Küche am Spülstein. Dazu wurde eine entsprechende Waschschüssel aus Hostalen mit warmem Wasser gefüllt und die Körperpflege konnte beginnen. Nur am Samstagabend wurde gebadet. Da es kein Badezimmer gab, wurde eben in der Küche ein Holzbrett auf den Linoleumboden gelegt und darauf eine Zinkwanne gestellt. Das Holzbrett sollte verhindern, dass die scharfen Ränder der Metallwanne nicht in den Fußbodenbelag drückten und diesen beschädigten. Im großen Einmachkochkessel wurde Wasser auf dem Gas- oder Kohleherd zum Kochen gebracht, in die Zinkwanne gefüllt und mit kaltem Wasser auf angenehme Badewassertemperatur gebracht. Eine Fichtennadelbrausetablette hat einen angenehmen Geruch in der ganzen mit Wasserdampf vernebelten Küche verbreitet.

Meine Eltern haben später eine moderne sogenannte Schrankdusche in die Speisekammer eingebaut. Ein elektrischer Heizstrahler hat den kleinen Raum zusätzlich schnell erwärmt. So hat sich auch bei uns der Fortschritt in unserer Altbauwohnung breit gemacht. Wir konnten für unsere Verhältnisse von nun an unsere Körperpflege warm und komfortabel, ja sogar täglich erledigen. Leider hat dafür mein Lieblingsraum geopfert werden müssen.

Der Keller unseres Hauses wurde im Zweiten Weltkrieg auch als Luftschutzraum genutzt. Eine dicke schwere Holztür mit einem großen Eisenriegel hat ihn damals abgeschlossen. Die Kellerdecken waren niedrig und zu unheimlich wirkenden Gewölben gemauert worden. Lattenverschläge standen den verschiedenen Mietparteien hier unten zur Verfügung. An einer Stelle war die Kellerwand zum Nachbarhaus mit einer Nische versehen. Unser Vater erklärte mir, dass hier die Wandstärke sehr dünn ist und man im Notfall, wenn der Ausgang des eigenen Kellers nach einem Bombenangriff verschüttet wurde, die Wand leicht durchbrochen werden konnte, um in den Nachbarhauskeller zu gelangen. Alle Keller im Block waren so miteinander verbunden. Die Bewohner konnten sich bei Bombenangriffen im Krieg vor dem Verschüttet werden schützen und so überleben. Für mich war die Vorstellung sehr spannend und die Geschichte hat meine Phantasie beflügelt. Vor der Nische stand eine ausgehängte Holztür angelehnt. Dahinter hatte ich meine kleinen Geheimnisse versteckt, die wohl jeder Junge hat.

Der Briefträger hat die Post noch bis zum Briefkasten an der Wohnungstür in jedes Stockwerk gebracht. Im Lamboyviertel hat so ein Postbote mit seiner großen schweren Tasche schon so manches leisten müssen – hierfür nachträglich Respekt.

Der Ausblick aus unserer Wohnung im vierten Stock war traumhaft weit. Aus Wohn- und Kinderzimmerfenster hatten wir einen herrlichen Südblick über die Kasernen auf der anderen Straßenseite, Richtung Kinzig und Dunlop. Blickte man ein bisschen nach rechts, konnte auch die Innenstadt von oben betrachtet werden. Als das Kraftwerk Staudinger 1965 mit zunächst nur zwei Schloten gebaut wurde, hatten wir einen weiteren Blickpunkt. (Benannt ist das Kraftwerk nach dem ersten Aufsichtsratsvorsitzenden der PreussenElektra, Hans Staudinger.)

Auch alle Flugzeuge, die damals schon den Frankfurter Flughafen aus Richtung Aschaffenburg anflogen, waren von hier oben gut zu sehen. Von Jahr zu Jahr haben wir das Zunehmen des

Blitze über der Wetterau; gesehen aus dem Küchenfenster im vierten Stock

Flugverkehrs beobachten können. In den Abendstunden, wenn es schon ganz dunkel und sehr klar war, sah das so aus, als seien die Flieger mit einer Schnur verbunden und würden nach Frankfurt gezogen.

Auf der Nordseite hatten wir aus dem Küchen- und Schlafzimmerfenster meiner Eltern einen weiten Blick über das Gleislager (9) der Bahn, die Bruchwiesen, die Umgehungsstraße B8, (19) den Bruchköbeler Wald bis hin zum Wartbaum kurz vor Windecken. Interessant waren für mich die Flugbewegungen, die vom Fliegerhorst Langendiebach beobachtet werden konnten. Militärflugzeuge aller Art, wie Hubschrauber und mittelgroße Kampfmaschinen, flogen regelmäßig von dort nach Frankfurt-Bonames und weiß Gott wo hin. Sonntagabends konnten wir schon damals anhand der vielen Lichter der Autoschlange auf der B8 ein starkes Verkehrsaufkommen der „Wochenendler" aus dem Spessart und der Rhön Richtung Frankfurt wahrnehmen.

Bei Gewitter hab ich mir von hier oben gerne die Blitze angesehen. Besonders gen Norden über der Wetterau war das ein Schauspiel sondergleichen. Die verschiedenen Arten und Formen der Blitze und der darauf folgende Donner haben mir jedes Mal eine Gänsehaut verursacht. Für einen interessierten Bub wie mich war das ganz spannend und faszinierend. So habe ich manchen Nachmittag damit verbracht, aus unseren

Gaubenfenstern das Leben und die Geschehnisse unten auf der Straße zu beobachten.

Später hat das Haus den Besitzer gewechselt. Jetzt gab es eine neue moderne Haustür aus Metall und Glas mit Klingelanlage, einen Briefkasten für jeden im Erdgeschoß und Treppenhauslicht. Welch ein Fortschritt! Die schöne doppelflüglige Holzhaustür, damals richtige massive Handwerksarbeit, verschwand wie so viele Dinge, die den Wirtschaftswunderwahn der 60er Jahre zum Opfer gefallen sind.

Leider ist auch irgendwann der Vorgarten verschwunden und im Erdgeschoss wurde ein „Giftshop" eingerichtet, den der neue Hausbesitzer, Herr Illing, bis dato nebenan betrieben hatte. Hier haben sich die amerikanischen Soldaten, die im Lamboyviertel in den zahlreichen Kasernen stationiert waren, mit so manchen kuriosen Souvenirs und Nippes eingedeckt. Im Laden gab es Kuckucksuhren aus Plastik, Kugelschreiber mit nackten Damen, Wandteppiche mit röhrenden Hirschen, eben halt alles, was so ein Amiherz begehrte. Der Inhaber hat sich damals mit dem Sch.... nicht nur dumm, sondern auch dämlich verdient.

Ich habe bis 1977, meine Eltern noch bis 1994, hier gewohnt. Jedoch haben die vielen Stufen, die meine Eltern über 40 Jahre gegangen sind, am Körper Spuren hinterlassen. Arthrose in den Knien meiner Mutter ist sicher eine Folge davon gewesen.

2

Die Lamboystraße

Das ganze Lamboy-Viertel war zu meiner Jugendzeit etwas verrucht, anrüchig und ein bisschen abgewertet durch die Umstände, die eben Kasernen und die dazugehörigen Soldaten so mit sich brachten. In den ehemaligen Reichsarmee-Kasernen war nach dem verlorenen Zweiten Weltkrieg unsere Besatzungsarmee aus den USA einquartiert worden. Für uns die „Amis" halt!

Eine Nac(k)htbar an der anderen, abends „Bordsteinschwalben" an jedem Lindenbaum und jede Menge Amis, waren Bestandteile dieser Straße. Die damaligen Bewohner der alten, zum Teil recht eleganten Mietshäuser, die so um die Jahrhundertwende gebaut wurden, kamen aus einfachen Verhältnissen und konnten sich den doch recht niedrigen Mietzins auch leisten. Die drei bis vier Stockwerke hohen Mietshäuser haben sicher schon bessere Zeiten erlebt.

Die Lamboystraße wurde einst als wunderschöne Lindenallee und bedeutende Hauptzufahrtsstraße aus dem östlichen Landkreis nach Hanau angelegt. Fast jedes Haus hatte einen kleinen Vorgarten mit mehr oder weniger gepflegten Blumenbeeten. Das Kopfsteinpflaster und die zweispurige Verkehrsführung haben

In diesem Häuserblock ① der Lamboystraße Nr. 51 – 57 bin ich aufgewachsen und habe hier bis 1977 gelebt.

aber dem zunehmenden Verkehr mit seinen modernen Autos nicht mehr lange standhalten können.

Vom „Lambewald“ ⑥ her aus östlicher Richtung, stadteinwärts auf der rechten Seite, gab es die großen ausgedehnten Kasernenanlagen mit Quartieren, Stellplätzen für Militärfahrzeuge aller Art und Werkstätten ②. Etwa nach 500m wird das Kasernengelände von der rechts abbiegenden Ruhrstraße unterbrochen. Nach dem Militärkomplex war auf der rechten Seite der Lamboystraße eine zweistöckige Wohnbebauung mit Nachtschwärmer-Etablissements für die Amis, danach unser Häuserblock bis zur Schwarzenbergstraße. An der Straßeneinmündung gab es auf der einen Ecke einen Metzger und das Lamboycafe auf der anderen Seite. Das „Cafe-Lückhardt“ hatte eine eigene Backstube hinten im Haus. Herr Lückhardt war einst der Hausbesitzer dieses Blocks. Wenn er zur Inspektion seines Anwesens oder zum Miete kassieren kam, haben ihn seine zwei Dackel begleitet. Aber auch seine große weiße Mercedeslimousine, in der Herr Lückhardt vorfuhr, war auffällig und hat ihm einigen Respekt verschafft.

Im nächsten Block lag im Haus 49a, nach der Einmündung zur Schwarzenbergstraße und neben dem Lamboycafe, das Geschäft von Herrn Philipp Philippi mit so manchen Haushaltsartikeln,

Kaffee-Lamboy (zu unserer Zeit auch Cafe-Lückhardt genannt) Früher, als die Kasernen noch das preußische Eisenbahnregiment beherbergten, auch als Cafe-Hindenburg bekannt.

Werkzeugen, Fahrrädern und einigen Spielwaren. Herrn Phillipi erkannte man an seinem langen grauen Kittel, den er immer trug. In den Häusern bis zur Karl-Marx-Straße gab es drei kleinere Lebensmittelgeschäftchen. Die Namen Bott in der Lamboystraße 47, Lebensmittel-Bauer in der Nr. 29 und an der Ecke Karl-Marx-Straße Edeka-Wolf waren ein Begriff. Wenn am Ende vom Geld noch so viel Monat übrig geblieben ist, konnten die Hausfrauen bei den Geschäftsleuten auch schon einmal anschreiben lassen.

Herr Bauer hat seinen Betrieb irgendwann in der Lamboystraße aufgegeben und wohl das elterliche Geschäft mit Feinkost, Wild und Geflügel am Freiheitsplatz übernommen. In das freie Ladenlokal ist dann Herr Thielemann senior eingezogen. Er hatte bis dahin seine Schuhmacherei im ersten Stock des Hinterhauses. Der Betrieb hat sich weiterentwickelt und so wurde jetzt auch medizinische Fußpflege von der netten, hübschen Schwiegertochter angeboten.

In einem winzigen Handarbeitsladen bei Frau Dreher im gleichen Häuserblock waren wir Stammkunden. Neben Nähseide, Stickgarn und schön bestickten Taschentüchern wurden hier Mutters Nylonstrümpfe, die Laufmaschen hatten, repariert. Nylons waren damals recht teuer und jede Frau war stolz darauf solche zu besitzen. Daneben gab es den Bäcker Kalbfleisch und eine kleine Metzgerei. Beide wurden später zu Kiosken umgebaut.

Häuserzeile Lamboystraße 23a-29

Hier in dem Orthopädieladen war mal das
Spar-Lebensmittelgeschäft von Herrn Bauer.

Sogar ein kleines Elektrogeschäft gab es vor dem Edeka-Laden. Hier konnte man sich im Viertel mit Glühlampen, Porzellansicherungen zum schrauben, Batterien für die Treppenhaustaschenlampe und sonstiges eindecken. Später ist in diesen Laden eine von sehr vielen „Tonis Pizza“ eingezogen.

Weiter – immer noch rechts der Lamboystraße zwischen Karl-Marx-Straße und Berliner-Straße – ein Frisör und unser Konsum in der Nr. 19. Mutter hatte Genossenschaftsanteile an dieser Filialkette erworben und somit war der Laden unser Lebensmittelversorger. Ein schmaler Fußweg hat hier damals schon die Lamboystraße mit der Karl-Marx-Straße verbunden.

Ich erinnere mich, dass an diesem Weg im ersten Haus rechts unser Haus- und Hof- Herrenfrisör im Erdgeschoss gewohnt hat. Der ledige Herr H. hat den haarigen Job nach Feierabend gemacht und ist regelmäßig zu uns in den vierten Stock gekommen. Alle drei männlichen Familienmitglieder haben dann in unserer Küche den Einheits-Fassonschnitt verpasst bekommen. Ich musste regelmäßig zu ihm gehen um einen Termin abstimmen. Telefon gab es ja keins bei uns und auch bei ihm nicht.

Auf diesem Fußweg habe ich nach der Schule auch einmal meinem Kumpelchen Hans-Jürgen K. gezeigt, dass ich nicht immer ein guter Junge war, der sich so allerlei Frechheiten

Fassadenmalerei am Giebel des Hauses Nr.: 15a – zeigte den General Lamboy ③.

gefallen lässt. Ich habe ihm ordentlich den Frack voll hauen müssen, aber ich glaube er hat es nie kapiert.

Im anschließenden Häuserblock ③, der Nummer 15a war das Milchgeschäft Muht und das Haushaltswarengeschäft Mattes untergebracht. In das Milchgeschäft mit dem unverkennbaren Geruch bin ich regelmäßig von unserer Mutter geschickt worden. Unsere tägliche Milchration wurde mit einer Blechkanne hier eingekauft. Ein Pumpenhub hat genau einen halben Liter von der weißen köstlichen Flüssigkeit in die Kanne laufen lassen. Aber auch Schichtkäse und Quark hat man am Stück angeboten. Die abgewogene Menge wurde sorgfältig in Pergamentpapier eingepackt. Milch war Hauptgetränk für uns Kinder. Die Reste, der im Laufe der Jugend aufgenommenen weißlichen, undurchsichtigen, emulgierten Flüssigkeit, sitzen heute noch sichtbar auf meinen Rippen.

Am Giebel dieses Blockes mit dem Milchgeschäft war damals schon die herrliche Fassadenmalerei angebracht, die man heute noch sehen kann. Sie zeigt den General Lamboy, der ja auch schließlich Namensgeber für unsere Straße war und noch heute ist. Immerhin hatten damals die Immobilieninvestoren noch ein Herz für Heimat und Geschichte.

Im gleichen Block ③, in der Nummer 15 war auch der bei Oma

Hier in so einem Hof vor dem Bahnübergang auf der rechten Seite zwischen Schrebergärten hat ein Brennstoffhändler sein Geschäft betrieben.

④

beliebte Friseursalon Schnetzinger, in dem sie so gerne samstags saß. Nach der Berliner-Straße gab es eine Kleingartenkolonie ④ in der S-Kurve vor den Bahnschranken. Hier zwischen drin war auch der Kohlenhändler mit seinen riesigen Handkarren, der das ganze Viertel mit Brennmaterial beliefert hat. Tagelöhner haben die hölzernen Karren mit den großen Rädern durch die Straßen unseres Viertels geschoben und die schweren Kohlesäcke in die Keller der Kundschaft gebuckelt.

Die Lamboystraße wird in ihren letzten 100 Metern stadteinwärts von der Eisenbahnlinie der bedeutenden Main-Weser-Bahn (hier die Strecke Hanau-Friedberg), durchschnitten. Hier herrschte reger Zugverkehr und die Schrankenanlage war dementsprechend häufig geschlossen.

Nach der Bahn und dem Schrankenwärterhäuschen rechts die Zufahrt zum Nordbahnhof, die Friedberger Straße. Weiter auf der rechten Seite bis zur Kinzigbrücke ⑤ ein paar Verkaufsbuden und später ein Neubau mit Appartements. Im Erdgeschoss war ein neuer moderner Latscha-Supermarkt eingerichtet und im ersten Geschoss wurde ein Nac(k)htclub betrieben.

Ja, es ist nicht einfach die Straße, in der man aufgewachsen ist, für einen Außenstehenden zu beschreiben. Dennoch versuche ich es hier mal weiter mit der anderen linken Straßenseite:

Fa. Hankel & Schlegel mit VW-Vertretung und Aral-Tankstelle ⑦

Haus Lamboystraße 18 mit der Gaststätte „Zum Deutschen Hof“

Die linke Seite der Lamboystraße gestaltete sich stadteinwärts vom Lamboywald ⑥ her so: erst Wohnbebauung nach dem Wald und der Feuerbachstraße, dann die Flüchtlingsunterkunft an der Cranachstraße, in der später die Hessische Bereitschaftspolizei eingezogen ist. An der Ecke zur Chemnitzer Straße ein schickes Offiziers Casino auf der einen Seite links und ein kleines Militär-Lazarett auf der anderen rechts. Danach wieder Kasernengelände mit prächtigem schmiedeeisernem Zufahrtstor, abgegrenzt durch eine lange Backsteinmauer mit Eisenzaunelementen dazwischen.

Ich erinnere mich noch, dass auf dieser Seite anschließend die Aral-Tankstelle mit dem VW-Autohaus der Firma Hankel & Schlegel ⑦ vor der Gabelsbergerstraße angesiedelt war. Nach der Einfahrt in die Gabelsbergerstraße war schon damals der sehr moderne Beton-Neubau einer katholischen Kirche mit dazugehörenden Gemeindehäusern der hier ansässigen Kirchengemeinde bis zur Karl-Marx-Straße bebaut. An der Ecke stand dann unser gelbes Telefonhäuschen mit Briefkasten.

Von unserem Kinderzimmerfenster im vierten Stock aus hatten wir im unmittelbaren Blickfeld links das Kasernentor, die Kasernengebäude mit Freiflächen gleich gegenüber und rechts die Aral-Tankstelle.

Nach der Einmündung in die Karl-Marx-Straße lagen im nächsten

Lamboystraße 16 – in dieser Metzgerei habe ich für die Oma samstags eingekauft! Hier haben die Kunden manchmal in drei Reihen vor der Fleisch- und Wursttheke geduldig gewartet.

Das Reklameschild der Brot- und Feinbäckerei Hans Gast am Haus 14 erinnert heute noch an bessere Zeiten im Lamboyviertel.

Block an der Ecke ein kleines Modegeschäft, das Gasthaus „Zum Deutschen Hof", eine Metzgerei und der Bäcker Gast. Es gab an der Ecke zur Paul-Ehrlich-Straße noch eine Tankstelle und damals weiter vor den Bahnschranken ein paar zweistöckige dunkle Holzhäuser. Einige Verkaufsbaracken am Straßenrand boten hier auch Schreibwaren, Lotto, Gemüse und frisches Obst an. Irgendwo hier war auch links vor den Bahngleisen die Zufahrt zur „Hanauer Milchzentrale" ⑧.

Die Schrankenanlage der Bahn hatte an dieser Stelle sogar einen eigenen Übergang für Fußgänger. Der wurde vom Kurbelmann im Schrankenwärterhäuschen erst geöffnet, wenn die Schranken für den Kraftfahrzeugverkehr oben waren. Auf der anderen Seite der Eisenbahn befanden sich noch ein Nachtclub mit „Übernachtungsmöglichkeit" – natürlich auch stundenweise – und am Ende des Blocks die Lamboy-Apotheke. Das war damals die einzige Apotheke weit und breit und hat das ganze Viertel mit Medizin versorgt. Die Wilhelmsbrücke über die Kinzig bildete das Ende der Lamboystraße, die hier geradeaus in die Wilhelmstraße und links in die Nordstraße übergeht.

In unserem Block ① der Hausnummern 51-57 gab es noch den Kramladen vom alten Herrn Bohnert. Hier konnte man gelbe Limo, CocaCola, Wundertüten mit Plastikcowboys und -indianern, Puffreis, Brausepulver und –stangen stückweise für ein paar

Blick auf die Häuser Lamboystraße 61-65 im Jahr 1969 – vorne der Bunny-Club und sonstige Nac(k)htbars für die Amis

Milchzentrale Hanau ⑧, Lamboystraße 2

Taschengeld-Pfennige kaufen. Aber auch unseren Schulkram wie Hefte, Bleistifte und Tinte haben wir hier bekommen.

Im Nachbarhaus, der Nummer 53, gab es die alteingesessene Lamboy-Drogerie mit kleiner Theke und weißer Marmorplatte. Bis zur Decke ragten alte Holzregale mit Tausenden von Schubladen. Die Kundschaft wurde von Herrn Hebel und seiner Frau höchst persönlich beraten und bedient. Einmal habe ich zwei Männer dort gesehen, die hochprozentigen reinen Alkohol aus kleinen Gläsern getrunken haben. Ich glaube, dass waren osteuropäische Übersiedler, die scheinen so etwas zu vertragen. Den Laden hat, als Hebels sich zur Ruhe gesetzt haben, dann später Frau Bousonville mit ihrem Mann übernommen und weitergeführt.

An der Ecke zur Schwarzenbergstraße gab es rechts eine Metzgerei mit eigener Wurstküche im Hinterhaus. Die Inhaber wechselten öfter. Wenn ich dort mal einkaufen durfte, lachte mir auf der linken Seite der Theke immer ein warmer Leberkäse entgegen. Mir ist dann das Wasser im Munde zusammengelaufen – ich war halt damals schon kein Kostverächter. Beim Metzger an der Ecke haben wir auch den leckeren frischen Fleischsalat bekommen, den ich heute noch so gerne esse. Hinten in der Schwarzenbergstraße war die „Woschtküsch“. Aus dem großen Schornstein hat es manchmal unangenehm zu unserer Wohnung hochgezogen, wenn der Metzgermeister auch schon mal Knochen mit verbrannt hatte.

Weiter auf dieser Seite der Schwarzenbergstraße hat die Hausbesitzerin ihren Garten mit Blechgaragen zugebaut. Wir hatten ebenfalls eine Box angemietet damit unser DKWchen schön trocken stehen konnte. Mein erster VW-Käfer hatte später hier ebenfalls eine Garage bekommen und sicher untergestanden.

Auf der anderen Straßenseite der Wurstküche war die Backstube vom Lamboycafe. Wenn früh morgens der Laden vorne auf der Ecke noch nicht geöffnet hatte, haben wir in der Backstube frische und noch ganz heiße Brötchen – 10 Stück für 80 Pfennig, später für eine ganze Mark – bekommen. Meistens bekamen wir Kinder noch etwas Leckeres vom Bäckermeister aus seinem Backsortiment geschenkt. Den guten Geruch aus der Backstube habe ich noch heute in der Nase und erinnere mich noch gerne an die leckeren geteilten Milchbrötchen und die Wasserweck, die man heute leider nicht mehr überall bekommen kann.

Neben der Backstube hatte Herr Philippi eine winzige offene Fahrradreparaturwerkstatt in einer Bude betrieben. Aufmerksam habe ich gerne dem Fahrrad-Schrauber bei seiner Arbeit zugesehen um das eine oder andere für den Eigengebrauch zu lernen. Fahrräder waren damals als Fortbewegungsmittel äußerst gefragt und dementsprechend sind sie auch gepflegt und gehegt worden.

Im Hinterhof des Lückhardtschen Anwesens war die Schreinerei vom Herrn Tischlermeister Krocek untergebracht. Man konnte die Werkstatt nur über die Schwarzenbergstraße, die damals noch ein besserer Feldweg war, erreichen. Leider mussten der kleine Handwerksbetrieb, sowie die Fahrradwerkstatt weichen, als Herr Lückhardt auf dem Gelände zwei große Wohnhäuser mit unzähligen Garagen für die Wirtschaftswunderautos seiner zahlreichen neuen Mieter im Block errichtet hatte.

Als Schüler habe ich samstags für unsere Großeltern, die in der Karl-Marx-Straße 24 gewohnt haben, die Lebensmittel eingekauft. Das hat mir jedes mal fünfzig Pfennig für mein rotes Sparbuch eingebracht und ich habe die Geschäftswelt in der Lamboystraße und Umgebung bestens kennengelernt. Mit einem Einkaufszettel, Geld und Korb ausgestattet, bin ich durch die Geschäftchen gezogen, stets bedacht das Richtige zu erwischen. Die Zitronen sollten eine glatte Schale haben, Opas Knoblauchwurst das richtige Kaliber und die gute Butter immer ganz frisch sein.

Oma war berufstätig und hat samstags gerne beim Frisör gesessen und sich verschönern lassen. Darauf hat sie als Chefsekretärin sehr viel Wert gelegt. Opa hat dann in der Küche gesessen und die Kartoffeln für das Mittagessen geschält. Er war

Häuserzeile Lamboystraße 9 – 13a von 1969 ③

ganz stolz auf seine Fertigkeit Kartoffeln an einem Stück zu schälen – d. h., die Kartoffelschale blieb an einem Stück und das auch noch hauchdünn. Die Uroma – also die Mutter von unserer Oma – dass war die Oma Gredi aus der Berliner Straße – hat bei der samstägigen Hausarbeit mitgeholfen. Opa und Uroma haben dabei gerne eine „Ernte 23“ geraucht, was die Oma nicht gerne gesehen hat.

Im Lamboy sind alte historische Häuser damals einfach platt gemacht worden. Ich erinnere mich noch, dass beim Bau des neuen Hauses Ecke Lamboystraße Karl-Marx-Straße, gegenüber vom Edeka-Wolf, einige uralte Häuschen mit historischem Hintergrund weichen mussten. Heute würden diese wohl in die Liste des Denkmalschutzes aufgenommen werden. Beim Ausbaggern der Baugrube für den Neubau, wurde eine wichtige Wasserleitung zerstört und die ganze Gegend stand unter Wasser. Der Verkehr musste aufwendig umgeleitet werden. In dem neuen schicken Haus war auch eine neue Filiale der Stadtsparkasse Hanau für unser Viertel untergebracht. Hier habe ich so manches Markstück auf mein Sparbuch eingezahlt.

Aber auch rechts und links der Lamboystraße gab es viel Interessantes. Unser erster Schuster hatte seine Miniwerkstatt in einer kleinen Holzbude in der Gabelsbergerstraße links zwischen der VW-Autowerkstatt ⑦ und dem ersten Wohnblock. Auf der

Historische Gebäude Lamboy- Ecke Karl-Marx-Straße von 1964. Vor dem Wasserhäuschen steht die Handkarre vom Kohlehändler.

Gleiche Stelle: kapitaler Wasserschaden 1965 beim Neubau gegenüber von Edeka-Wolf

anderen Seite der Lamboystraße gab es eine Baulücke und dahinter eine Kleingartenanlage ⑩ bis zum Gleislager der Bahn ⑨. Hier hatte auch mein Vater kurze Zeit einen Pachtgarten und ich habe hier wohl auch das Laufen gelernt. Freundlich und fröhlich wie ich war, habe ich jeden der des Weges kam mit „dudde Dach“ begrüßt. Später, so um 1956, wurden die Kleingärten platt gemacht. Das Gelände lag dann brach und war lange Zeit ein beliebter Abenteuerspielplatz für uns.

Einmal hat sich auf diesem Gelände für einige Zeit ein Wanderprediger mit einem großen weißen Zelt niedergelassen. Natürlich waren alle Kinder neugierig und interessiert, was hier so abging. Auch ich! Wir haben zugehört, mitgesungen und an sonstigen Aktivitäten teilgenommen.

Irgendwann wurde die Baulücke in der Lamboystraße mit modernem Wohnungsbau der 60er und den Hausnummern 31, 33 und 45 geschlossen. Wo einst Gemüse und Obst wuchsen, wurde ein Sportgelände für die Gebeschusschule gebaut. Heute gibt es hier den Lamboypark!

In der Chemnitzer Straße 23 ⑪ hat unser Hausarzt Dr. Ehrenberg praktiziert. Selbst im hohen Alter hat er noch die 80 Stufen zu unserer Wohnung rauf erklommen, um uns wenn notwendig zu versorgen. Als Dr. Ehrenberg in den Ruhestand ging hat Dr. Müller eine Praxis im Neubau des Herrn Lückhardt, links in der Schwarzenbergstraße Nr. 1, eröffnet und so die medizinische Betreuung unserer Familie übernommen. Irgendwann hat er aber auch das Lamboy verlassen und ist in die Praxisräume seines neu erbauten Wohnhauses nach Kesselstadt umgesiedelt. Unsere Familie ist ihm aber treu gefolgt und hat sich weiter von ihm behandeln lassen.

Unser Zahnarzt Dr. Gasser hatte anfangs seine ersten Patienten ebenfalls in der Chemnitzer Straße 25, ⑪ gleich neben Dr. Ehrenberg, behandelt. Der hat mir mal vier Zähne auf einmal gezogen, damit die übrigen mit einer Zahnklammer gerichtet werden konnten. Später ist die Zahnarztpraxis dann in das neue Gebäude an das Ende der Nordstraße, wo diese in den Freiheitsplatz mündet, umgezogen. Hier in diesen modernen Räumlichkeiten waren tolle blonde langbeinige Arzthelferinnen um die Patienten bemüht – und das alles auf Krankenschein. Hier habe ich meine Beißerchen bis in die 80er Jahre behandeln lassen.

Die Lamboystraße wurde Ende der sechziger Jahre um- und ausgebaut. Die alten Lindenbäume wurden gefällt und durch neue kleine Bäumchen ersetzt – ohne Veto von politisch organisierten Umweltschützern. Das Kopfsteinpflaster musste einer schönen glatten Asphaltfahrbahn weichen. Die Straße wurde vierspurig ausgebaut und der Bahnübergang am Nordbahnhof ist unter die Gleise gelegt worden. Das war damals eine riesige Baustelle, die mich fast täglich magisch angezogen hat. Jede Menge Beton und Eisen sind für diese Bahnunterführung verbaut worden. Der Verkehr musste über einen provisorischen Bahnübergang umgeleitet werden. Leider hat diese Ausbaumaßnahme der Lamboystraße fast alles von ihrem liebenswerten Alleencharakter geraubt. Die Vorgärten der Wohnhäuser mussten dem Fortschritt weichen. Die Straße wurde breiter und konnte für Fußgänger fast nicht mehr gefahrlos überquert werden. Die Unzahl von Kraftfahrzeugen hat die Lärmbelastung entsprechend ansteigen lassen. Später hat dann nach und nach ein alteingesessenes Geschäftchen nach dem anderen dichtgemacht.

Übrig geblieben ist bis jetzt nur der Betrieb von Herrn Thielemann junior mit Orthopädietechnik und sonstigem Service rund um den Fuß in der Lamboystraße 29.

Kasimir in der Sommerfrische im Garten

3

Unsere tierischen Mitbewohner

Natürlich haben wir Kinder auch unsere pädagogischen Haustiere gehabt. Einen kleinen gelben Kanarienvogel, einen Goldhamster, sowie die Schildkröte Kasimir haben uns Kinder auf Trab gehalten. Später kam auch ein Stubentiger dazu. Füttern, Saubermachen und Spielen waren unsere Aufgaben. Entsprechende Verantwortung sollte hierbei anerzogen werden. Der Kanarienvogel hieß natürlich Hansi und hat im Sommer gerne seinen Käfig vor dem Küchenfenster im Freien gehabt. Leckere Apfelstückchen und grüne Salatblätter waren immer zwischen den Käfigstäben für Hansi als Leckerli eingeklemmt.

Aber Kasimir, die griechische Landschildkröte, war eigentlich unser erstes Haustier. Das gepanzerte Tierchen hatte so seine Eigenheiten. Er durfte sich in der Wohnung frei bewegen, hat sich aber gerne vorzugsweise in den Schlappen der Familie verkrochen. Dies hat meine Uroma Fischer aus Kassel, die damals zu Besuch bei uns war, etwas irritiert. Konnte sie doch mit so einem exotischen Tier nicht umgehen und wusste nicht, wie sie sich verhalten sollte. Bei Gefahr oder wenn er sich geärgert hatte, zog sich Kasimir ganz in seinem Panzer zurück und schmollte. Aber natürliche Feinde hat er ja bei uns in der Dachgeschosswohnung keine gehabt. Auch der Kater Timmy hat

Unser Goldhamster Moritz

ihn in Ruhe gelassen. Man hat sich eben in unserer Wohnung gegenseitig respektiert und arrangiert.

Zum futtern bekam Kasimir hauptsächlich Gemüse- und Salatreste aus Mutters Küche. Gerne hat er auch mal Dosenmilch und Hackfleisch verdrückt. Eigentlich hat er bei uns ein eher unauffälliges Leben geführt. In den Sommerferien ist er mit in den Garten umgezogen und hat in einem Käfig aus Holzbrettern im Gras gesessen. Hier hat es ihm so gut gefallen, dass er irgendwann in den 80ern abgehauen ist. Das hat er schon mal öfters gemacht, aber diesmal haben wir ihn nicht wieder finden können. Schildkröten werden ja steinalt. Es ist zu vermuten, das Kasimir im Gartengebiet um die Frankfurter Landstraße bei all den Köstlichkeiten, die die Scholle so hergibt, bis heute ein angenehmes Leben führt.

Mein Bruder besaß einen nachtaktiven Goldhamster namens Moritz, der recht putzig war, aber nachts mit seinem Laufrad oft mit quietschenden Geräuschen die Ruhe gestört hat. Wenn er abends munter geworden ist, hat die ganze Familie gerne mit ihm gespielt. Alles was er fassen konnte hat Moritz in seinen Backentaschen verstaut, auch den Wollfaden, der ihm angeboten wurde. Wenn der Wollknäuel fast komplett in den Hamstertaschen verstaut war, hat mein Bruder das Ganze wieder aus den Backentaschen des Tierchens gezogen. Die Verwirrung war dann entsprechend groß bei dem kleinen Kerl!

Unser Vater hatte aus einer ausgedienten Alukiste einen Käfig gebaut. Die Plexiglasscheibe war mit entsprechenden Halterungen befestigt. Die hat der Hamster öfters in monatelanger Kleinarbeit durchgenagt und ist dann gerne einmal stiften gegangen. Tagelang hat sich der kleine Kerl in unserer alten Wohnung versteckt. Später beim Renovieren, als er schon im Hamsterhimmel war, haben wir noch Futterdepots gefunden, die sich Moritz angelegt hatte. Tagsüber, wenn er irgendwo geschlafen hat, haben wir ihn natürlich nicht fangen können. Am Abend ist er dann wie ein geölter Blitz durch die Gegend geflitzt und wir mussten schnell reagieren, um ihn wieder einzufangen. Wie jedes Tier, hat auch unser Moritz die Freiheit genossen.

Irgendwann, so um 1960, hat unser Vater von der Arbeit eine Babykatze in seiner Aktentasche mitgebracht. Im Keller des Bahnbetriebsgebäudes an der Brüder-Grimm-Straße, in dem Vater bei der Bahn beschäftigt war, hat eine Katzenmutter ihre Junge bekommen. Eines von diesem Wurf hat unser Vater, als die Zeit von der Trennung zur Katzenmutti soweit war, für die Familie ausgesucht. Wir haben den kleinen Kater Timmy getauft und er war von Stund an der Liebling im Haushalt. Da wir ja im vierten Stock und an einer belebten Straße wohnten, war eigentlich klar, dass Timmy ein Stubenkater werden sollte. Also musste ein Katzenklo her. Das wurde mit Sand gefüllt, den wir uns bei allen Gelegenheiten eimerweise von irgendwelchen Baustellen in ganz Hanau jahrelang zusammensuchten. Gab es damals schon

Katzenstreu im Supermarkt? Oder war es zu teuer? Das weiß ich nicht mehr!

Timmy war ein ganz besonderes Stück Vieh. Mit seiner grau-weißen Zeichnung im Fell war er sehr schön anzusehen. Er war ganz herzlich und verschmust, hat aber trotzdem so manchen Unfug angestellt. Wenn er seine fünf Minuten bekam – und das kam oft genug vor – ist er durch die ganze Wohnung geflitzt, die Gardinen im Wohnzimmer hoch, über Tisch und Bank in die Küche und hier auch an der Fensterdekoration hoch und dann ab in sein Versteck. Da war natürlich was los! Mutter ist ausgeflippt! Hinterhältig ist er gerne aus dem Nichts heraus und meiner Mutter an die Beine gesprungen und hat ihr mit seinen scharfen Krallen die Nylonstrümpfe zerrissen. Das hat der Kater eigentlich sehr oft gemacht und einige Leser wissen, dass das alle Katzen gerne machen. Vor dem Kater haben wir aber auch vorsichtshalber Moritz in Sicherheit bringen müssen. Seine Exkursionen aus dem Käfig mussten unbedingt eingestellt werden. Ich habe aber nie geglaubt, dass Timmy dem Familienhamster was angetan hätte – aber man weiß ja nie.

Wenn wir Jungs abends ins Bett gegangen sind, musste Timmy mit, einmal zu meinem Bruder, dass andere mal zu mir. Timmy hat dann solange in der Armbeuge unter der Decke gelegen und geschnurrt, bis wir eingeschlafen sind. Dann hat er sich verkrümelt und ist zu unseren Eltern ins Bett gekrochen.

Nichtstun macht nur dann Spaß, wenn man eigentlich viel zu tun hätte. (Noël Coward)

Im Garten musste unser Katerchen immer angeleint werden.

Hier sitzt er im Apfelbaum.

Das Katerchen hat mir sehr gut über die schwierige Pubertätsphase geholfen. Ich konnte ihm all das erzählen, was Erwachsene unmöglich verstanden hätten. Ihm habe ich auch erzählen können, was ich so erlebt habe, vor was ich Angst hatte und wie es mir sonst so geht. Treu und brav hat das Tierchen mit geschlossenen Augen und leisem Schnurren zugehört.

Die Zimmertüren in unserer Wohnung konnte Timmy selbst öffnen. Er hat sich solange mit den Vorderpfötchen an die Türklinke gehängt und sich mit den Krallen der Hinterläufe am Türblatt abgestützt bis die Tür aufging. Darauf hat unser Vater die Türgriffe von den Räumen, wo der neugierige Kater nichts zu suchen hatte, ummontiert. Das bei uns die Türklinken nach oben standen, hat so manchen Besucher irritiert.

Der Kater war ganz verrückt auf Mutters Käsekuchen. Kuchen wurden ein paar Tage vorher gebacken und im kühlen Schlafzimmer ganz oben auf den Schrank gestellt. Timmy hat ihn trotzdem gefunden, ist auf den hohen Schrank gesprungen, um dann ganz fein säuberlich in der Mitte ein Stück herauszunaschen. Das hat Mutter ganz böse gemacht. Bei Familienfesten und hohen Feiertagen war die Hausfrau schon etwas blamiert und musste das „Schandloch“ trickreich hygienisch neutralisieren und verschließen.

Gerne ist der Katzenknabe durch ein unvorsichtig aufgelassenes

Fenster auf das Dach ausgebüxt. Wir hatten ja eine Dachwohnung mit schrägen Wänden und Dachgauben. Hier konnte er über die Dächer des gesamten Blocks spazieren und – nach echter Katzenart – die Vögelein erschrecken. In unseren verwinkelten Dächern haben sich die Tauben gerne einen Nistplatz in den Ecken und Winkeln gesucht. Timmy hat sie gefunden und oft stundenlang über die schmutzigen Dachböden gejagt. Entsprechend verschmutzt und voller Flöhe hat er sich wieder heimlich nach Hause geschlichen, denn er wusste genau, was jetzt kommt: ein Katzenbad!

Wir haben dazu einen Eimer mit warmen Wasser vorbereitet und den Katzen-Drecksack – bewaffnet mit dicken Handschuhen und sonstigen scharfekrallenhemmenden Utensilien – solange ins Wasser getaucht, bis die Flöhe fluchtartig das Timmy-Fell verlassen haben. Das anschließende Trockenfönen mochte er eben so wenig! Dies alles hat ihn aber nicht abgehalten, bei jeder sich bietenden Gelegenheit seine Exkursionen wieder zu starten.

Dabei ist Timmy eines Tages ausgeblieben und wir haben alle Register gezogen, das geliebte Tier aufzustöbern. Eine Befragung bei den Nachbarn in den Dachgeschosswohnungen rings herum in unserem Block brachte nichts. Die kannten alle unseren Kater, denn wahrscheinlich hat sich der Charmeur hier und da bei ihnen durchgeschnorrt, konnten aber keine Auskunft über seinen Verbleib machen. Wo war der Kerl? Der konnte doch nur hier oben auf den Dächern sein. Eine regelmäßige Inspektion vor und hinter den Häusern blieb ebenfalls ergebnislos. Timmy konnte ja sogar vom Dach gestürzt sein, keiner hatte eine tote Katze gesehen. Die ganze Familie hat getrauert. Wir haben aber nie die Hoffnung aufgegeben, Timmy irgendwann wieder zu finden.

Wochen später kam aus dem Kriechkeller unseres Hinterhauses ein klägliches Katzengejammer. Ich weiß nicht mehr, wer es zu erst gehört hatte, aber wir waren sicher, es war unser Timmy. Die entsprechenden Rettungsmaßnahmen wurden eingeleitet. Vater ist in den niedrigen Keller gekrochen und hat das Kerlchen gefunden. Wir haben dann den Kater verstört, abgemagert und struppig geborgen. Anscheinend ist der doch vom zwanzig Meter hohen Dach gestürzt und hatte sich dabei ein Hinterbeinchen gebrochen und erst einmal verkrochen. Der Tierarzt konnte da nichts mehr richten, weil zu viel Zeit vergangen war und der Kater seine Selbstheilungskräfte hatte wirken lassen. Katzen haben eben doch mehrere Leben.

Froh, den Ausreißer wieder bei uns zu haben, wurde er wieder aufgepäppelt. Schäden am Gehapparat waren nicht wahrnehmbar vorhanden. Später jedoch, wenn wir mal mit Timmy geschimpft haben, ist er ganz demonstrativ von Dannen gehumpelt. Die Fenster wurden mit Estrichmatten gesichert. So blieb Timmy das Stromern auf dem Dach für alle Zeit verwährt.

Timmy ist immerhin 18 Jahre alt geworden und hat in unserem Garten seinen letzten Ruheplatz unter einem rosa Rosenbusch bekommen, an einer Stelle, an der auch die anderen Tiere der Familie beigesetzt wurden. Wenn ich heute auf Timmys Leben zurückblicke, scheint es mir glücklich gewesen zu sein. Er aß, wenn er Hunger hatte, schlief, wenn er müde war, und genoss sein Leben von den Krallen bis in die Schwanzspitze.

Eine Katze habe ich bis heute immer wieder gehabt. (Oder haben die Katzen mich als Dosenöffner gehalten?) Die Eleganz, Reinheit, Erhabenheit und Selbstständigkeit dieser Stubentiger haben mich schon immer beeindruckt. Ich kann sehr gut verstehen, dass die Katze bei uns zu den beliebtesten Haustieren gehört.

Katzen erreichen mühelos, was uns Menschen
versagt bleibt – durchs Leben zu gehen,
ohne Lärm zu machen.

(Ernest Hemingway)

4

Gebeschusschule

Das Gebäude der Grund- und Hauptschule ⑫ aus dem 19. Jahrhundert lag in der Karl-Marx-Straße (die Karl- Marx-Straße hieß damals auf dieser Seite der Lamboystraße auch noch so). Die 1914 gebaute Bezirksschule V erhielt 1925 den Namen von Eugen Gebeschus. Dieser Herr war von 1893 bis 1916 Oberbürgermeister von Hanau und hat so manche Bauwerke mit ähnlichem Charakter in meiner Geburtsstadt hinterlassen. Der große Treppenaufgang im Schulhaus erschien uns Kindern recht imposantes.

Bei Frau Kirch bin ich am 01. April 1960 mit einer traditionellen Schultüte eingeschult worden. (Das war aber kein Aprilscherz!) Mit einem Lederranzen, Schiefertafel mit Schwämmchen und Turnbeutel habe ich in der Klasse einen Platz neben Kurt K. eingenommen. Wegen meines Sehfehlers musste ich meistens vorne im Klassenzimmer sitzen – leider sehr oft im Fokus und der „fließenden" deutschen Aussprache der Lehrer ausgesetzt.

Die Schulbücher waren so alt wie unsere Lehrer. Im Erdkundeunterricht gab es Landkarten mit, für uns nicht nachvollziehbaren, Grenzverläufen. In den Toiletten hat es

1961 bin ich eingeschult wurden und der Stress begann ...!

Erste Klasse 1961 in der Gebeschusschule ⑫. Ich bin der erste unten links!

gerochen, wie in jeder Bahnunterführung auf dieser Welt. Aber im Großen und Ganzen hat die Gebeschusschule (12) meinen Aufenthalt unbeschadet überstanden.

Unsere Rektoren – absolute Respektspersonen – waren Herr Scheidemantel und später dann Herr Pastor. Den Hausmeisterposten hatte der leicht erregbare Herr Amend, der mit seiner Frau auch in der Schule in der Hausmeisterwohnung unten rechts gewohnt hat, inne. Herr Amend hat uns des Öfteren mit seinem Besen und einem hochroten Kopf über den Schulhof gejagt, wenn wir mal wieder was angestellt hatten. Ist ein Schüler der Pausenaufsicht unangenehm aufgefallen, musste er damals schon den Schulhof mit einem Abfallgreifer unter hausmeisterlicher Aufsicht sauber machen.

Gerne bin ich nicht in die Schule gegangen, musste aber – wie viele anderen auch – acht Jahre absitzen. Ich, als dicker Junge mit Brille, wurde gerne gehänselt. Die „Leibeserziehung“ beim Turnlehrer Sch. in unserer alten, nach Bohnerwachs und Schweiß müffelnden Turnhalle, war für mich oft ein Greuel. Die Schüler wurden im Turnunterricht in Riegen eingeteilt und ich wurde jedes Mal als letzter gewählt. Das Seil hochklettern, Bockspringen über die schmächtigen Schulkameraden oder auch die Bundesjugendspiele zweimal im Jahr haben mir als Doppelmoppel keinen Spaß gemacht. Eine Urkunde habe ich trotz

Das Zeug hat wohl unser Turnlehrer gerne getrunken und war wohl Vorlage für meinen Spitznamen.

In die Turnhalle der Gebeschusschule ⑫ bin ich nicht gerne gegangen.

all der vielen Anstrengungen nie bekommen. Unser Turnlehrer Sch. war sogar für meinen Spitznamen „Mampe Halb und Halb“, der mich bis heute noch verfolgt, verantwortlich. Herr Sch. hat wohl gerne einen Kräuterschnaps, der Mampe hieß, gepichelt. Die Flasche des Magenbitters der Berliner Carl Mampe AG, zierte auf dem Etikett und als Anhänger einen kleinen Elefanten. Der Werbe-Slogan aus dem Jahre 1962 lautete:

“In diesem Falle braucht man ihn,
Mampe Halb und Halb Berlin.”

Ich habe die Flasche nie persönlich gesehen, mir aber sagen lassen, dass der Elefant auf dem Etikett und als Plastikanhänger doch ganz hübsch war. Sogar ein Elefant im Berliner Zoo wurde 1957 nach dem Namen des Firmengründers Mampe benannt.

Also, ich war hier in der Schule und im Viertel von Stund an der „Mampe“. Alle wussten Bescheid! Eigentlich nichts Außergewöhnliches: Spitznamen wie Guffy, Sauerkraut, Boyche (das war der Horst E. aus der Schwarzenbergstraße) oder Geiß (eine nette Blondine aus der Querstraße) waren auch zu unserer Zeit ganz angesagt. Aber Mampe, wer hieß schon so wie ein Elefant? Für mich war das damals schon ein ziemlicher Stress (hab aber dafür bis heute nicht auf die Couch beim Psychiater gemusst!).

In unserer Schule gab es noch Schulmilch und leckeren Kakao. Ein Schüler aus der Klasse hatte hierfür die Verantwortung: Er

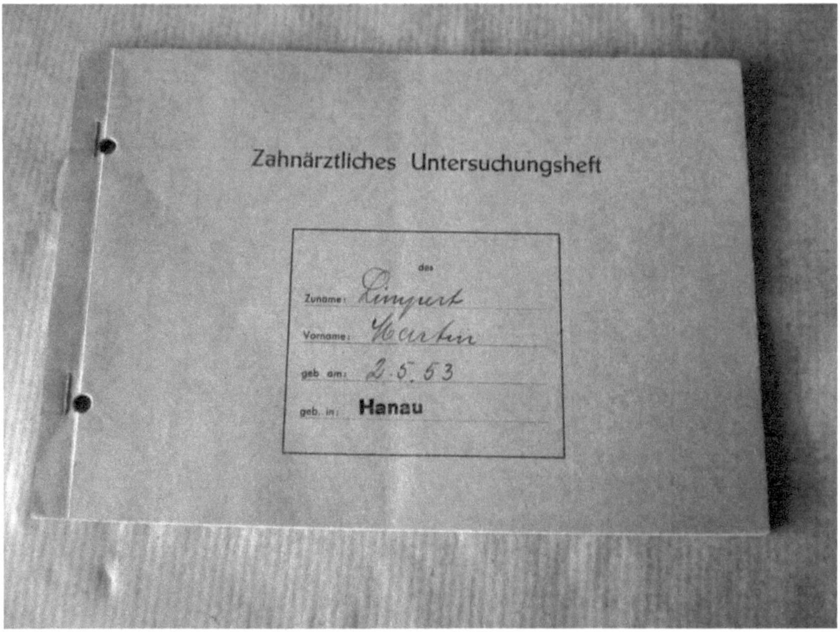

Untersuchungshefts für alle Besuche beim Schulzahnarzt

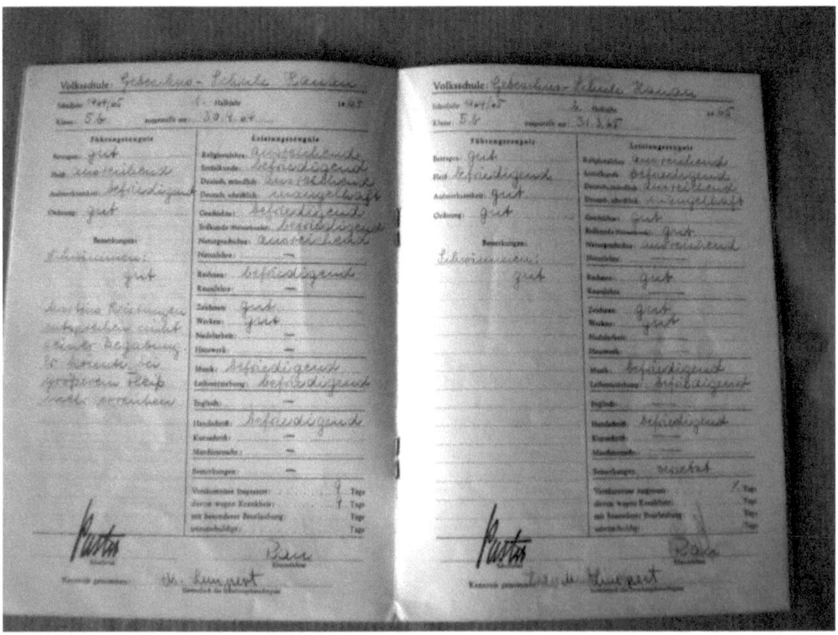

Leistungsnachweis = mein Zeugnisheft

musste vor der großen Pause beim Hausmeister den Milchkasten für die Klasse abholen und das Leergut am Ende der Pause wieder einsammeln. Das Milchgeld ist montags vom Klassenlehrer eingesammelt worden und die Zahler wurden ordentlich in einer Liste der „Schultrinkmilchberechtigten“ eingetragen. Später ist dieser Service dann allerdings weggefallen und die Frau vom Hausmeister hat uns dagegen für hartes Taschengeld in der großen Pause Milch, Kakao, Pudding und Joghurt aus der nahe gelegenen Milchzentrale ⑧ verkauft. Außerdem waren leckere Gebäckstückchen für Schüler ohne Pausenbrot im Angebot. Ich musste das von Mutter geschmierte Pausenbrot von zuhause mitzunehmen. Wenn ich mir mal ein solches Stückchen gönnte, habe ich die eigene Stulle schon mal „vergessen“ und tagelang im Schulranzen neben dem Pelikan-Wassermalkasten mitgeschleppt. Eine unauffällige Entsorgung des unappetitlichen Brotpäckchens in einer der zahlreichen Spielzeugkisten hinter dem Bett blieb nicht ohne Folgen.

In der großen Pause haben sich alle Schüler auf den beiden Pausenhöfe vor und hinter die Schule aufgehalten. Die Grundschüler mussten sich auf dem vorderen, die Älteren auf dem hinteren Schulhof vergnügt. An mehreren Stellen gab es auf dem Schulgelände Trinkbrunnen mit Leitungswasser. Jeder Durstige konnte seinen Schnabel zum Erfrischen in einen Wasserstrahl halten. Die Pausen wurden mit allerlei Aktivitäten ausgefüllt. Neben dem Verdrücken des Pausenbrotes von Muttern ist so nebenbei auch Gummitwist, Fangen, „Hickelkästchen" oder Klickern gespielt worden. Fast alle Mädels hatten einen Hosengummi in geeigneter Länge für Gummitwist dabei. Wir Jungs haben eher eine passive Rolle bei diesem Hüpfspiel gehabt, da unsere Knöchel, Waden und manchmal auch die Knie als Gummihalter gebraucht wurden.

Unter den strengen Augen der Lehrer, die Pausenaufsicht hatten, konnten wir uns keinen Blödsinn erlauben. Kleine Rempeleien hat es aber immer wieder gegeben. Wurde einer von uns dabei erwischt, gab es die einen oder anderen Sanktionen für alle Kontrahenten. Uns ist auch schon mal „aus Versehen" das Butterbrotpapier runtergefallen. Wenn so etwas die Aufsichtsperson mitbekam, musste der Ertappte sich beim Hausmeister eine Greifzange holen und den ganzen Hof säubern.

Beliebt war auch das Brottauschen. Wir wollten auch nicht immer dasselbe essen und haben gerne auch mal auf die Stulle anderer geschaut.

Meine Schulsachen musste ich zu Beginn eines neuen Schuljahres stets auf Vordermann bringen. Fehlende Farbstifte wurden ebenso ergänzt, wie die leeren Farbtöpfchen im Malkasten. Das Mäppchen wurde ordentlich gereinigt, das abgebrochene Lineal ausgetauscht und neue Schulhefte nach

Vorgaben des Klassenlehrers besorgt. Gehasst habe ich jedes Mal das Einbinden der Schulbücher mit entsprechendem Papier.

Jährlich kamen der Schulzahnarzt und der Impftrupp aus dem Gesundheitsamt aus der Nordstraße. Wehe, wir hatten unser Untersuchungsheftchen oder den Impfausweis nicht mit. Das gab gleich einen unangenehmen Eintrag in das Klassenbuch. Bei gesundheitlichen Verdachtsfällen fuhr der mobile Röntgenbus vom Gesundheitsamt der Stadt Hanau auf den Schulhof und hat unsere Lungen durchleuchtet.

Immer wieder sind wir Schüler in das Schullandheim der Stadt Hanau geschickt worden. In Rückersbach, im schönen Spessart, haben wir auch so unsere Erfahrungen im menschlichen Umgang mit Mitschülern (und hier vor allem später auch der –innen) und der Lehrerschaft machen dürfen. Den ganzen Tag auf einem Haufen war für so manchen nicht ganz einfach. Vormittags gab es Unterricht im Freien, nachmittags wurde dann meist gewandert, vorzugsweise die Rückersbacher-Schlucht runter und rauf! In der Mitte der Schlucht hatte ein zerfallenes Häuschen – eine Herberge, Mühle oder Räuberunterschlupf – unsere Phantasien angeregt.

Gut erinnere ich mich noch an eine Nachtwanderung durch den Wald. Alle haben sich irgendwie gefoppt und geneckt. Das „Boyche“ ist durch meine Schuld gestürzt. Daraufhin hat er

Blick auf das Schullandheim der Stadt Hanau im Spessart

fürchterlich ausgeholt und mir ein Auge blau geschlagen. Meine rechte Gesichthälfte ist dick angeschwollen und das Auge war zu. Allerdings hat sich mein Kontrahent Horst E. bei dieser Aktion die Hand gebrochen und musste wochenlang mit einem Gipsverband rumkaspern. Ja, ich habe damals schon einen Dickschädel gehabt. Wochenlang hatte ich verschiedene Blautöne im Gesicht.

Nach dem Schullandheimaufenthalt wurde uns dann von der Lehrerschaft der obligatorische Aufsatz abgerungen. Streng nach Gliederung in Einleitung, Hauptteil und Schluss sind die Buchstaben von so manchem Schüler nur mühselig auf das Papier gefallen und haben sich hier unwiderruflich mit Tinte verewigt. Nicht nur mich haben die roten Lehreranmerkungen am Papierrand unserer Geistesergüsse gestört.

Schön war es für mich in der BastelAG unserer Schule beim Rektor Pastor. Hier haben wir freiwillig einmal die Woche nachmittags handwerklich viel gelernt. Werkzeugtechnik und der Umgang mit verschiedenen Materialien wie Holz, Ton oder Metall wurden uns vermittelt. Sogar einen großen Modellschlepper von Graubner, haben die Mitglieder der BastelAG gebaut. Feinste Holzarbeiten, Geschick mit Farbe und Pinselchen, sowie das Verständnis für die Technik des Elektroantriebes waren hierbei gefragt. Wer von den Kursteilnehmern keine Ahnung hatte, konnte hier trotzdem seinen Horizont erweitern.

So einen Schlepper hat die BastelAG unserer Schule selber gebaut und dann im Stadtbad vom Stapel gelassen.

...das Original...

...und das Modell

Der „Bugsier“ stand – für alle gut sichtbar – im Treppenhaus meiner Schule (12) in einer Glasvitrine.

Das Modellboot hatte sogar eine aufwendige Fernsteuerung vom Rektor spendiert bekommen. Im Hanauer Freibad ㉙ ist das Schiffchen vom Stapel gelaufen. Jeder aus der AG durfte mal steuern und den Schlepper durch das große Schwimmbecken bugsieren. In einer Vitrine unserer Schule gab es für das Modell einen schönen Platz. Jeder Schüler konnte den Stolz unseres Rektors und seiner Bastler bewundern.

In unserem Schulchor war ich Mitglied und habe hier fleißig mitgesungen. Eine willkommene Abwechslung zum geregelten eingefahrenen Schulablauf waren unsere Auftritte hier und da. Ich erinnere mich noch an die Adventszeit, in der wir jeden Tag vor Beginn des Unterrichtes früh morgens im riesigen Treppenhaus Weihnachtslieder gesungen haben. Unser Gesang hat das ganze Gebäude erfüllt und alle in andächtiges Schweigen gehüllt. Nach unserer Darbietung hat dann erst der reguläre Unterricht begonnen.

Die Gebeschusschule ⑫ konnte irgendwann nicht mehr alle Schüler in dem historischen Gebäude aufnehmen. Die Neubaugebiete an der krummen Kinz und im Tümpelgarten haben viele neue Schüler in unseren Schulbezirk gebracht. Sogar eine neue Schule im Viertel musste gebaut werden. Eine Erweiterung der Gebeschussschule wurde damals ebenfalls notwendig. Neben dem hinteren Pausenhof sind dann Holzbaracken aufgebaut worden – die sogenannten Pavillons. Meine Klasse musste auch hier rein! Es war in diesem „Gehäuse“ ein bisschen stickig und muffig. Später hat die Schule, sehr zur Freude der Turnlehrer, sogar einen eigenen großen Sportplatz ⑩ hinter den Baracken bekommen. Hier konnte unser „Leib“ entsprechend im Freien „erzogen“ werden.

Leider hatten wir alle paar Jahre einen anderen Klassenlehrer. So konnte aus meiner heutigen Sicht leider kein vollständiges Leistungsbild über die gesamte Schulzeit von uns Schülern durch die Lehrerschaft erstellt werden. Der Wechsel auf eine höhere Schule, wie die Mittelschule oder die Hohe Landesschule (HoLa), waren seinerzeit mit Kosten verbunden und vielen Gebeschusschülern verwehrt. Um uns auf das Leben vorzubereiten haben sich Frau Thiemel und Frau Rau, sowie die Herren Behrens, Pastor, Dethloff, Ruth, und Scharle alle Mühe gegeben uns das ABC, Geschichte und das kleine und große 1X1 beizubringen. Leider hat die Fluktuation der Lehrerschaft damals es uns Schülern nicht leicht gemacht. Unser beliebter Lehrer und Segelflieger Dethloff ist irgendwann, kurz vor dem Ende unserer Schulzeit, ebenfalls irgendwo nach Norddeutschland abhanden gekommen.

Da die Schule seinerzeit aufgeteilt wurde, gab es keinen gewachsenen Zusammenhalt unter den Schülern. Damals ist die

Tümpelgartenschule neu gebaut worden und ein Teil der Schulkameraden mussten in die neue Schule umziehen. Wir haben den einen oder anderen Spätaussiedler mit osteuropäischem Hintergrund, der kein Wort deutsch sprach, mit in unserem Klassenverband integrieren müssen. Die Kinder von „Fahrensleuten", die vom Zigeunerplatz am „Monte-Scherbelieno" (14) kamen, haben ein friedliches und harmonisches Schulleben gestört und es uns oft nicht leicht gemacht.

Stress gab es damals wie heute jedes Mal vor der Zeugnisausgabe. Schlechte Noten waren von den Eltern natürlich nicht gerne gesehen und haben die Sonderzuwendungen an Taschengeld von Oma und Opa beeinflusst. Gab es doch für die Zeugnisnote Eins ein schönes großes Zweimarkstück und für eine Zwei leider nur einen Fünfziger. Diese Motivationsmaßnahmen der Altvorderen waren nur für kurze Dauer. Als Heranwachsende haben wir alles Mögliche im Kopf gehabt und nicht immer an unseren Leistungsspiegel in der Schule gedacht. So gelangte auch schon mal auf unerklärliche Weise die Unterschrift der Mutter auf die ganz schlechten Klassenarbeiten. Das schlechte Gewissen kam dann auch prompt, wenn Elternabende anstanden und so die Unregelmäßigkeiten möglicherweise ans Licht kommen konnten. Meistens hat es aber geklappt und der Gürtel vom Vater blieb in seiner Hose!

Imposante Fassade unserer Schule

(Die heutige Friedrich-Engels-Straße hieß damals auch auf dieser Seite der Lamboystraße noch Karl-Marx-Straße.)

In unserer Familie war leider nur Schulgeld für den Ältesten von uns Kindern vorhanden. Getrieben durch den Ehrgeiz unserer Oma wurde mein Bruder auf die Handelsschule geschickt. Der arme Kerl hatte dazu vermutlich gar keine Lust.

Von der elektrischen Schreibmaschine bis hin zu einem modernen Schreibtisch wurde das entsprechende Equipment für die gehobene Ausbildung angeschafft. Leider schmiss mein Bruder kurz vor Schulende die teure Ausbildung und hat dann eine Lehre als Gas- Wasser- Sch...-Monteur absolviert. Gerne wäre ich ebenso in den Genuss einer Handelsschulausbildung gekommen – dies hätte später bestens zu meinem beruflichen Werdegang gepasst.

Damit wir angeblich geburtenschwachen Jahrgänge schneller dem Arbeitsmarkt zugeführt werden konnten, hat mein Jahrgang zwei Kurzschuljahre über sich ergehen lassen müssen. Der ganze Schulstoff für ein Jahr wurde auf ein Schulhalbjahr gestrafft. So mussten wir nachmittags zum Unterricht in die Schule gehen. Unsere Freizeitaktivitäten haben dadurch ganz schön gelitten.

Unsere Schulabschlussfahrt ging 1968 nach Hamburg. Der Vater unseres Schulkameraden Helmut L., ein Busunternehmer, hatte den Busausflug organisiert. Zusammen mit der Abschlussklasse der Tümpelgartenschule ging es gen Norden. Untergekommen sind wir in der Jugendherberge über den Landungsbrücken am

Die Landungsbrücken in Hamburg haben wir oben von der Jugendherberge gesehen.

Hamburger Hafen. Was für ein Erlebnis für uns Landratten. Im Hafengelände auf der anderen Seite haben die Werften Tag und Nacht Schiffe gebaut oder repariert. Nachts war es da drüben taghell, die Funken flogen und der ungewöhnliche Lärm hat die Nachtruhe gestört. Aber unsere Lehrer und sonstige Aufsichtspersonen haben uns alle ordentlich auf Trapp gehalten. Lang ist keiner wach geblieben.

Auf unserem Programm standen: Hafenrundfahrt, Stadtrundfahrt, der Michel, ein Besuch in Hagenbecks Tierpark und dem Stadtteil Blankenese. Interessant war auch der Besuch im Polizeipräsidium der Hansestadt. Den Park Planten und Blomen haben wir ebenfalls besucht. Hier habe ich meinen ersten Kuss von Marina aus der Tümpelgartenschule bekommen. Wow – was für schöne aufregende Zeiten so auf Wolke 7, mit ordentlichem Herzklopfen und fern der Heimat.

Den Höhepunkt dieser Abschlussfahrt bildete meiner Meinung nach ein Tagesausflug nach Helgoland. Bei herrlichem Sonnenschein sind wir alle mit einem Schiffchen von Cuxhaven aus über die Deutsche Bucht zur roten Nordseeinsel geschippert. Vor der Insel mussten wir alle von dem großen Schiff in kleine Boote umsteigen. Die haben ganz schön geschaukelt. Unangenehm war bei diesem Ausflug eigentlich nur das Essen in der Herberge. Hier gab es Labskaus! Da hat der eine oder andere

Helgoland – die rote Insel in der Deutschen Bucht

Mitschüler schon einmal ein verächtliches iiiiiiiiih beim Verzehr dieser norddeutschen Köstlichkeit ausgestoßen.

Nach dem Mittagessen haben wir bei wolkenlosem Himmel einen schönen ausgedehnten Rundgang über die Insel unternommen. Die „lange Anna" haben wir bei dieser Gelegenheit so gleichfalls kennenlernen dürfen. Bei der Rückfahrt zum Festland gab es leider stärkeren Seegang. So mancher meiner Mitschüler hat sich dann das, was er vorher verzehrt hatte, noch einmal rückwärts durch den Kopf gehen lassen.

Um ihre freien Lehrstellen anzupreisen, haben uns viele Hanauer Firmen im 9ten Schuljahr besucht. Getrennt nach Geschlecht ging es zur Information in die Tretmühlen der Arbeitswelt. Auf dem Programm für uns Jungs standen Exkursionen in die Druckerei des Hanauer Anzeigers ebenso wie die Ausbildungswerkstätten für Werkzeugmacher bei Heraeus. Aber auch die Bundeswehr aus Kilianstädten hat sich vorgestellt und wir Jungs haben einen Ausflug dort hin unternommen. Hier haben wir sogar einen Blick in die Raketenbunker der Amis werfen können, ohne uns so richtig über die Ausmaße der gesamten Anlage mit seinen Atomwaffen im Klaren zu sein.

Auf die Arbeitswelt sind wir außerdem durch die Hanauer Berufsschule an der Akademiestraße vorbereitet worden. Der Arbeitsmarkt hat wohl seinerzeit Schreiner und technische

Zeichner benötigt. Wir Jungs mussten in den Werkstätten der Schule ein kleines Holzregal bauen. Das wurde mit einem Gasbrenner „geflammt“! Sogar in das technische Zeichnen haben wir einen ausführlichen Einblick bekommen. Das hatte mir besonders großen Spaß gemacht und so manch hart verdiente Mark ist im Schreibwarenfachhandel für teure Rapidographen, Zeichenschablonen und Drehbleistifte draufgegangen. Wegen meines Sehfehlers konnte ich aber den Beruf des technischen Zeichners leider nicht ausüben. Bei anderen technischen Berufen bin ich gleichfalls von den Betriebsärzten bei den Einstellungsuntersuchungen ausgeschlossen worden.

Am 01.09.1968 habe ich als Volksschüler mit 15 Jahren dann eine Lehrstelle zum Lebensmitteleinzelhandelskaufmann (herrliches langes Wort für eine Berufsbezeichnung) bei der Firma Latscha in der Bruchköbeler Landsstraße, wo heute der Schlecker drin ist, angetreten. Seitdem habe ich die Gebeschusschule ⑫ nie mehr betreten. Ein Klassentreffen ist, so viel ich weiß, nie organisiert worden. Keiner von den Mitschülern hat die Initiative ergreifen wollen. Ich habe jedenfalls nix mitbekommen; schließlich haben meine Eltern noch bis 1994 im Lamboy in der gleichen Wohnung gewohnt. Selbst zur Stimmabgabe musste ich die Schule auch als Wahllokal nie betreten.

Viele von uns haben dann nach der Berufsausbildung auf dem

zweiten Bildungsweg versucht, den Volksschulmief abzuschütteln und noch etwas Gescheites für die Zukunft zu lernen. Einerseits neben dem Beruf auf Abendschulen oder andererseits gefördert vom Arbeitsamt im Ganztagsunterricht, wurde noch einmal gepaukt. Aber jetzt mit mehr Motivation und Power. Mit vier Semestern Betriebswirtschaft habe ich dann irgendwann auch meinen Horizont erweitert.

Die Abschlussfahrt nach Hamburg hat sich bei mir eingeprägt. Diese offene Weltstadt habe ich beruflich oft besuchen müssen. Ein Aufenthalt in der Hansestadt wurde dann für meine Freizeitaktivitäten verlängert und dabei stets mit einer Hafenrundfahrt verbunden. Heute noch besuche ich die Stadt privat, wenn es sich einrichten lässt einmal jährlich. Es ist schon erstaunlich, wie sich das Hafengelände auf der anderen Seite der Landungsbrücken im Laufe der vielen Jahre verändert hat. Es gibt für uns Landeier dauernd wieder was Neues in dieser weltoffenen Stadt zu sehen und zu erleben.

5

Unser Garten

Unsere Großväter hatten in der Frankfurter Landstraße, zwischen Kastanienallee und Burgallee im „Wolfsloch" einen 1000 m² großen Garten gepachtet. Der Garten liegt mit vielen anderen in einer Kolonie im Wasserschutzgebiet in Hanau-Wilhelmsbad. Der Lärm, verursacht durch die in unmittelbarer Nähe vorbeifahrende Eisenbahn, ist von einem kleinen Waldstück gemildert worden.

Zuerst hatte der Großvater mütterlicherseits den Garten gepachtet und bewirtschaftet. Als er dann aus gesundheitlichen Gründen von Hanau nach Michelstadt in den schönen Odenwald umgezogen ist, hat unser Großvater väterlicherseits den Pachtvertrag übernommen. Sein eigener Garten in der Akademiestraße fiel seinerzeit einem Bauvorhaben zum Opfer und sein Hang zur Scholle konnte Opa so weiter ausleben. Später, als der Garten zum Kauf angeboten wurde, hat er sofort zugeschlagen und ist stolzer Grundbesitzer in Hanau geworden. Bei Stadtbewohnern war so ein Stück Land in den 50ern und 60ern Jahre sehr begehrt. Frisches Obst und Gemüse waren nur mittwochs und samstags auf dem Wochenmarkt in der Innenstadt erhältlich und dementsprechend teuer.

Erkennen konnte man unseren Garten an den weiß gekalkten

Obstbaumstämmen und an zwei großen Kirschbäumen gleich rechts und links hinter dem Gartentor. Ansonsten bot der Garten alles, was man sich nur vorstellen konnte. Jeder Quadratmeter war bepflanzt mit Gemüse, Kräuter, Obst und Blumen. Die Beete waren exakt angelegt und ausgerichtet. Mit Hilfe einer Schnur wurden gerade Reihen gesät. Um die notwendigen Pflegearbeiten auszuführen konnte man auf langen Brettern zwischen den Gemüsereihen balancieren. Unkraut hatte in unserem Garten keine Chance. Opa, Vater und wir Kinder sind mit Harke und sonstigem Gartenwerkzeug den unerwünschten Pflanzen an den Kragen gegangen.

Als mein Bruder und ich noch klein waren, hatten wir zum Spielen sogar eine eigene Sandkiste. In den Blumenbeeten ringsherum hatte mein Vater aus Natursteinriemchen so kleine Miniatur-Steinhäuser und eine Burg für uns gemauert. Darin wohnten hübsch angemalte kleine Gartenzwerge aus Keramik. Diese teuren Preziosen mussten wir wegräumen, wenn wir nach Hause gegangen sind. Später diente dieser kleine Platz als Fahrradparkplatz und Tierfriedhof für unsere gefiederten und pelzigen Freunde.

Mit dem Fahrrad ist lange Zeit die ganze Familie den Weg zu unserem Garten sehr oft gefahren. Die Fahrt ging von der Lamboystraße, an der „krummen Kinz“ (13) vorbei, über die Bruchköbeler Landstraße, dem Krebsbachweg zur Rosenau und

Weiß gekalkte Baumstämme waren markant für unseren Garten.

weiter die Frankfurter Landstraße entlang. Vor der Eisenbahn ging es damals rechts in einen kleinen Weg bis zu dem Bahnübergang Kastanienallee und auf der anderen Bahnseite weiter in unsere Gartenkolonie. Die Radstrecke haben wir so in 30 Minuten geschafft. Das hat alle in der Familie ganz schön fit gehalten.

Die Rückfahrt wurde, wenn Mutter nicht dabei war, auch schon mal gerne vom Vater an dem einen oder anderen Wasserhäuschen auf ein oder schon mal mehrere Bierchen unterbrochen. Ich habe dann eine Afri-Cola bestellen dürfen und an der „Durstbude“ genuckelt. Ein Umweg sonntags zum Besuch des Kiosk im Salisweg hat mir manches Mal Stress verursacht; hatte ich doch den Auftrag, den Vater pünktlich zum Mittagessen heim zu bringen (diese Verantwortung habe ich nicht gerne übernommen, musste aber). Neben dem Konsum alkoholischer Getränke unseres Vaters, wurde leider die Zeit auch mit Kartenspiel oder Lügenmax (Knobelspiel mit Würfeln) vergessen. Das pünktliche Heimkommen hat daher häufig nicht geklappt und entsprechend Gemeckere von unserer Mutter zur Folge gehabt.

Im Herbst, wenn alles geerntet und die Beete „abgeräumt“ waren, musste das ganze Land mühsam umgegraben werden. Mit frisch geöltem und geschliffenem Spaten haben der ältere und erfahrene Teil der Männer aus unserer Sippe diese Aufgabe

Badespaß im eiskalten Wasser

übernommen. Bei dem vielen Gartenland ist der Schweiß dann entsprechend gelaufen und hat die Schollen genässt.

Der Gartenweg vom Tor bis zum Häuschen war auf beiden Seiten eingefasst mit alten Flaschen. Die wurden bis zur Hälfte – mit dem Flaschenboden nach oben – der Reihe nach eingebuddelt. Im Inneren haben sich dann so manche schön anzuschauende Biotope entwickelt. Unserem Opa konnte ich stets eine große Freude machen, wenn ich unaufgefordert den Gartenweg sauber gemacht und mit dem Rechen schöne gerade Musterlinien in dem Kies hinterlassen habe. Ich bin danach extra neben dem Weg gelaufen, um keine Fußspuren auf dem frisch gemachten Arrangement zu hinterlassen.

Bewässert wurde unser Garten mit einer Handschwängelpumpe (wer weiß denn heute noch was das ist und wie die geht?), mit der man aus dem Boden eiskaltes Wasser aus etwa 8 Meter Tiefe nach oben gefördert hat. Das eiskalte Wasser kann man ja nicht direkt auf die Pflanzen gießen – wir Menschen bekommen da genauso einen Kälteschock. Damit es sich erwärmen konnte, wurde es also erst einmal in zwei Fässer und in eine alte Badewanne gepumpt. Zur Wasserverteilung diente ein Stück ausrangierte Regenrinne aus Zinkblech, die den Wasserfluss und die Verteilung aus der Pumpe in die leeren Behälter übernommen hat. Das Pumpen war dann meistens die Aufgabe von uns Kindern. Ich weiß noch heute wie anstrengend das war! So ein

200 Literfass mit Wasser zu füllen hat schon ganz schön Kraft gekostet. Im Sommer, wenn es richtig heiß war, sind wir auch schon mal für ein paar Sekunden in eine frisch aufgefüllte Wanne abgetaucht. Lange konnte man es aber nicht in dem kalten Wasser aushalten!

Fitnesscenter und „Muggibuden“ haben wir damals keine gebraucht. Die meisten Menschen haben damals den Alltag mit viel Kraftaufwand bewältigen müssen. Der Rasen wurde z. B. noch ohne Motorunterstützung mit Sense und anderem Handwerkszeug gemäht und vertikutiert.

Als ich eines Morgens mit Vater in den Garten kam, haben wir einen Einbrecher schlafend im Gartenhäuschen überrascht. Der hatte alle Türen aufgebrochen, sich an unseren Lebensmittelvorräten satt gegessen und es sich dann ein bisschen auf dem alten Sofa im Hüttchen gemütlich gemacht. Erschrocken hab ich mich ganz schön und auch entsprechendes Muffensausen gehabt. Wie der Einbrecher tickte wussten wir ja nicht. Mein Vater hat den Burschen mit einem schweren Gartenwerkzeug in Schach gehalten. Um die Polizei zu rufen, musste ich mit dem Fahrrad schnell zum nächsten Telefon radeln. Am Bahnübergang Kastanienallee war sicher das Nächste. Es war aber gar nicht so einfach da das Schrankenwärterhäuschen nur mit einem Bahntelefon (BASA – Bahnselbstanschlußanlage) ausgerüstet war und so konnte die Polizei nur über telefontechnische Umwege informiert werden.

Ein Streifenwagen kam und deren Besatzung hat dann den stadtbekannten Missetäter auch gleich in das alte Polizeipräsidium am Schlossgarten (26) mitgenommen. Das war ganz schön aufregend. Einbrecher hat es immer wieder in unserer Gartenkolonie gegeben. Die Schäden hielten sich in Grenzen, da Opa und Vater ein raffiniertes Absperrsystem für unser Gartenhüttchen angebracht hatten.

Zur Erntezeit haben wir Jungs natürlich ordentlich mithelfen müssen. Johannis- und Stachelbeeren hatten mir es ganz besonders angetan. Nach dem mühsamen Pflücken musste das Obst ja auch weiterverarbeitet werden. Mit einem kleinen Scherchen habe ich bei den Stachelbeeren die Stielchen und unten das Bürzelchen abgeschnitten. Stundenlang habe ich kleine Gurken im Wasser geschrubbt und trockene Bohnen ausgepult. Eimerweise haben wir unsere Ernte per Fahrrad – an der Lenkstange rechts und links je einen Eimer, auf dem Gepäckträger einen Korb – die sechs Kilometer in die Lamboystraße geschafft. Zuhause hat unsere Mutter dann alles in Gläser eingekocht und so hatten wir eigentlich das ganze Jahr über eigene Produkte auf unserem Tisch.

Die Gurken musste ich alle sauber schrubben damit sie eingemacht werden konnten.

Alle Reste aus dem Garten und Haushalt sind auf dem Komposthaufen gelandet und hier zu Humus geworden. Der wiederum wurde zum Düngen der Beete benutzt. Das regelmäßige Umsetzen des Komposthaufens war eine Kunst für sich. Als Kinder haben wir so den Bio-Kreislauf schon früh kennengelernt.

Einmal hatte ich den Auftrag nach der Schule die reifen Kirschen zu ernten. Ich hatte gar keine Lust dazu und habe mir deshalb an diesem Nachmittag ein paar Klassenkameraden aus der Gebeschusschule [12] zu uns in den Garten eingeladen. Die haben sich beim Anblick der dicken roten Kirschen gefreut, sind auf den Baum geklettert und haben verdrückt was nur in sie rein ging und sich gegenseitig mit Kirschkernen bespuckt. Alle haben, als sie wieder mit ihren Fahrrädern gen Heimat abgerückt sind, mit den roten Obstflecken auf den Klamotten ausgesehen wie die Abgestochenen! Dass nicht so viele Früchte in meinem Eimer waren, hat Zuhause bei uns doch schon etwas verwundert. Entsprechende Ausreden hatte ich mir rechtzeitig ausgedacht. Die Leiter hatte halt falsch gestanden. Weil sie so schwer und lang war, konnte die Holzleiter nur der Vater bewegen und ausrichten. Die vielen Kirschkerne auf dem Boden unter den Obstbäumen mussten dann aber auch irgendwie erklärt werden.

Im Sommer haben wir meistens das ganze Wochenende und die

Alles wächst und gedeiht in Reih und Glied. Die Ernte wird in Einmachgläser eingekocht und im Keller gelagert.

Ferienzeit im Garten verbracht. Das Nötigste wurde dann auf einen Fahrradanhänger gepackt und schon ging es ab ins Grüne. Unser Gartenhäuschen hatte genügend Schlafplätze und eine Kochgelegenheit in Form eines alten, fürchterlich qualmenden, Küchenbeistellherdes. Für uns Stadtkinder hat das schon etwas Abenteuerliches gehabt. Morgens hat uns die Eisenbahn geweckt. Aber ohne den ständigen Autolärm aus der Lamboystraße und mit Vogelgezwitscher haben wir uns hier draußen doch ganz wohl gefühlt. An der Gartenpumpe haben wir uns mit eiskaltem Wasser gewaschen. Einer hat gepumpt, einer hat sich gewaschen. Gefrühstückt wurde unter unserem großen Birnbaum im hinteren Teil des Gartens. Die Familienschildkröte musste mit und hat sich in einem Holzverschlag auf dem kleinen Rasenstück ganz wohl gefühlt. Später durfte Timmy ebenfalls mit einer langen Leine am sommerlichen Gartenleben teilnehmen. Er hat sich dann gerne einmal auf den Apfelbaum gesetzt und unser Wirken von oben betrachtet.

Nachdem wir „Heranwachsenden“ unseren Teil der Gartenarbeit erledigt hatten, durften wir mit anderen Kindern aus der Gartenkolonie im angrenzenden Wald spielen gehen. Wir haben Laubhöhlen gebaut, Bäume erklettert und die Waldtiere beobachtet. Am Bahnhof Wilhelmsbad gab es neben dem Bahnübergang einen Kiosk, an dem wir uns manchmal im Sommer mit Eis eindecken durften.

Rastplatz unterm Birnbaum – auch mit weißem Stamm

Im Herbst wurden die vielen Äpfel aufgesammelt und zum Keltern in die Saftfabrik nach Bruchköbel gebracht. Wir haben dann in Glasballons Most geholt, der in unserem Keller Apfelwein werden sollte. Den Rauscher mussten natürlich wieder wir Jungs im Bembel hoch holen. Das „Stöffche“ wurde mit einem Schlauch angesaugt und in das typische Ebbelwoigefäß abgefüllt.

> *„Ebbelwoi is en sehr berauschendes Gesöff, des sich in Hesse grosser Beliebtheite erfreie dut. Er hot en Alkoholgehalt von um die 5,5 bis 7 Prozent und en herwe, saure Geschmack. Serviert wird de Ebbelwoi im Bembel un ausm Gerippte getrunke.“* *

Das hat uns Jungs auch Spaß gemacht, denn die prickelnde süße Flüssigkeit hat uns ebenso gut geschmeckt und lustig werden lassen. Es gab sogar manchmal Streit, wer denn von uns mit dem Bembel in den Keller gehen durfte. Beim hochschleppen der Kohlen und Kartoffeln war das ganz anders.

Die Beete mit den Bohnenstangen und Tomatenpfählen sind dann nach und nach verschwunden. An ihrer Stelle sind üppige Rasenflächen entstanden. Auch musste der eine oder andere Obstbaum aus Altersgründen weichen und wurde nicht mehr ersetzt. Der Garten diente dann ausschließlich der Erholung. Bei den Angeboten der Supermärkte lohnte sich der mühsame Aufwand eigener Gartenarbeit mit Ansaat, Aufzucht und Ernten

*Quelle: hessischpedia.de

nicht mehr so richtig (es sei denn, man ist ein richtiger Idealist oder grün angehaucht). Auch das automatische Teilnehmen am Alterungsprozess, mit seinen gesundheitlichen Begleiterscheinungen, spielt da natürlich ebenfalls eine Rolle.

Dieser Garten war mir als Kind und Jugendlicher wegen der vielen Arbeit schon ein bisschen verhasst! Später, mit eigenen Kindern und größerem Horizont war es ein Paradies für die ganze Familie. Wir haben hier Sonne, frische Luft und Ruhe tanken können.

Schade – das Stückchen Land befindet sich leider nicht mehr im Familienbesitz!

6

Die Stadt

Hanau liegt in der Untermainebene in einer Senke zwischen Wetterau und Vorspessart am nördlichen Rand des Oberrheinischen Tieflands. Es wird von einem ausgedehnten Waldgürtel umschlossen. Die Stadt bildet den Schnittpunkt bedeutender Verkehrswege am Eingang zum Kinzigtal. Die ehemalige Residenzstadt der Herren und Grafen von Hanau ist wirtschaftliches und kulturelles Zentrum der Region Main-Kinzig und ein bedeutender Verkehrs-, Industrie- und Technologiestandort. So jedenfalls wird meine Geburtsstadt im Internet bei Wikipedia beschrieben! In meiner Schulzeit hatte die Stadt damals ca. 53 000 Einwohner. Unser Lamboyviertel liegt im Nordosten, gleich auf der anderen Seite der Kinzig.

In der Stadt gab es immer was zu sehen und zu erledigen. Es gibt keine Straße, die ich nicht mit meinem Fahrrad befahren habe.

In die „Stadt" sind wir gegangen, mit dem Bus oder dem Fahrrad gefahren. Aus dem Lamboyviertel fuhren uns die Buslinien 2 und 7 über den Freiheitsplatz zum Hauptbahnhof und zum Hafen. Damals war der Freiheitsplatz schon der Knotenpunkt Hanaus. Bei den alten Hanauern gerne noch als Paradeplatz bekannt, haben sich hier die Busse der Hanauer Straßenbahn-AG und die

Der Freiheitsplatz war auch Festplatz. Hier 1958 mit Zirkus und rechts das moderne „Hochhaus“.

Solche farbenfrohe Plakate konnte man mit ergänzenden Angaben in der ganzen Stadt sehen.

überregionalen Landbusse getroffen. Für die Landbusse, die viele Arbeitnehmer und Schüler aus dem Hanauer Landkreis in die Kreisstadt befördert haben, war hier Endstation. Von hier ging es weiter mit den gelbroten Stadtbussen an die Arbeitsplätze oder die höheren Schulen. Das hat sich bis heute nicht geändert.

Bevor der Busbahnhof auf der Ostseite für die Landbusse Ende der 50er, Anfang der 60er Jahre gebaut wurde, fanden auf diesem Gelände einst Jahrmärkte und die Zirkusvorstellungen statt. Ich erinnere mich, dass einmal der damals richtig große Zirkus Althoff auf dem Platz, direkt vor dem Behördenzentrum, gastierte. Angekündigt wurde der Zirkus mit schönen kunstvoll gestalteten und bunten Plakaten, die schon Tage vorher in der ganzen Stadt verteilt wurden. Das war ein ganz großes Ereignis für uns Kinder.

Der Zirkus ist damals mit einem langen Güterzug der Bahn am Nordbahnhof angekommen und abgeladen worden. Die Lastwagen und Traktoren zogen nach und nach die bunten Zirkuswagen zum Festplatz mitten in die Stadt. Da gab es für mich viel zu sehen! Ich erinnere mich, dass vorne weg ein Artist auf einer großen Kugel rollend die Karawane mit Wagen, Tieren und Material angeführt hat. Schön anzuschauen waren besonders die vielen Elefanten – nach und nach, Rüssel an Schwänzchen sind sie gemütlich in die Stadt getrottet. Alle Zirkusleute sind mit ihren bunten Kostümen mit gelaufen und haben so Reklame für ihr Gastspiel gemacht. Viele Jugendliche haben beim Aufbau

Bustyp der seinerzeit auf der Linie 2 (Lamboyviertel – Hauptbahnhof) eingesetzt war.

Blick in die Bangertstaße – hier war rechts die Konditorei Beilstein (mit Markise).

mithelfen dürfen. Als Lohn gab es für die Helfer Freikarten für die Nachmittagsvorstellung und das Privileg, der Zirkuswelt mit den exotischen Tieren ganz nah gewesen zu sein.

Wer kennt noch den Zeitungsmann vom Freiheitsplatz? Auf der Verkehrsinsel zwischen den Stadtbussen hat er lauthals die Schlagzeilen der Abendpost-Nachtausgabe verkündet und seine Zeitung angepriesen. Jeden Tag spätnachmittags und in den Abendstunden war der Herr mit seiner markanten rauchigen Stimme und der roten Mütze präsent. Viele Hanauer kannten ihn und er gehörte einfach mit zum Freiheitsplatz.

Eine Seite des Freiheitsplatzes wird noch heute vom sogenannten Hochhaus begrenzt. Dieser Bau wurde nach neuesten architektonischen Gesichtspunkten geplant und in den 60ern gebaut. Die kleinen, aber komfortablen Wohnungen waren über einen Laubengang zu erreichen, damals recht revolutionär. Das Wohn- und Geschäftshaus ziert noch heute einen Teil der Nordseite des Freiheitsplatzes.

Um die Ecke rum, in der Bangertstraße, war die Konditorei Beilstein. Hier wurde regelmäßig die leckere Prinzesstorte zu besonderen Familienfesten von Mutter eingekauft. Gleich gegenüber gab es ein Bastelgeschäft. In diesem Laden hab ich so manche Mark für mein Hobby gelassen. Balsaholz, Teile für die

Busbahnhof der HSB am Freiheitsplatz – im Vordergrund Bus der Linie 2 mit Anhänger

Parkplatz am Freiheitsplatz –
im Hintergrund das Kaufhaus „Hansa“

Modellbahn und so manches zum Kleben und Schrauben hat man unter fachmännischer Beratung kaufen können.

Die Westseite schmückte damals das Kaufhaus „Hansa“ (später Hertie) und daneben rechts war das Arbeitsamt etabliert. In der Hammerstraße gab es gleich rechts noch die Weltkugel, ein Kaufhaus für das kleine Portemonnaie. Irritierend war beim Betreten der etwas abwärts führende Zugang zu den Verkaufsräumen.

Das Behördenhaus steht heute noch an der Ostseite. Dort hat mein Opa mütterlicherseits auf dem Katasteramt als Vermessungsinspektor gearbeitet. Später war in diesem großen Haus auch einmal das Finanzamt untergebracht.

Die wichtigsten Kinos gab es am Freiheitsplatz! CT (Central Theater und Palette) auf der Nordseite, Rex auf der Südseite. Um uns Schülern Abwechslung im Lehrstoff zu verschaffen, haben wir damals Schulausflüge ins CT unternommen. Busse der Hanauer Straßenbahn AG haben uns von der Gebeschusschule mit viel hallo zum Freiheitsplatz befördert. Interessante Dokumentationen über Tier- und Pflanzenwelt wurden uns dann auf der großen Leinwand geboten. Aber auch die Gefahren der Raucherei hat man uns mit grausamen Bildern versucht zu vermitteln. Den damals spektakulären Aufklärungsfilm „Helga“ haben wir hier auch gesehen.

Hier im VVM haben wir regelmäßig eingekauft und die preiswerten Lebensmittel mit dem Fahrrad nach Hause ins Lamboy transportiert.

Zum Kieferorthopäden Dr. Müller, der seine Praxis über dem Kino Rex hatte, bin ich jahrelang mit meinem Bruder hingegangen. Hier habe ich alle zwei Wochen meine Zahnklammern nachstellen lassen müssen. Mit 10 DM pro Patient, die nicht von der Kasse getragen wurden, waren wir auch dabei. Das Geld musste gleich bar bezahlt werden! Die Wartezeit konnte mit dem Stöbern in zahlreichen Comic-Heftchen wie Fix & Foxi oder Mickymaus verkürzt werden. Die Heftchen waren für uns damals sehr teuer und was ganz Besonderes. So kam es schon einmal vor, dass die begonnenen Geschichtchen nach der Zahnbehandlung im Wartezimmer, weiterverfolgt wurden.

An der Ecke Rosenstraße links hat es den VVM gegeben. Das war der **V**olks**V**erbraucher**M**arkt, damals der Vorläufer von Lidl und Co.. Angeboten wurden hier *aldi* preiswerten Sachen auf Paletten – mit wenig Aufwand und Schickimicki. Viele Kundinnen trugen damals ebenfalls schon Kopftücher aber aus modischen und nicht aus religiösen Gründen.

Einmal pro Woche ist die ganze Familie mit den Fahrrädern beim VVM vorgefahren, um preiswert einzukaufen. Unser Einkaufszettel war meist ziemlich lang. Jedes Fahrrad war voll gepackt mit Margarine, Mehl und Zucker, Pflanzenöl, Klopapier und alles was so ein vierköpfiger Haushalt benötigt hat. So ging es dann wieder vorsichtig über die hölzerne Kinzigbrücke (15) am

Blick in die Nürnberger Straße. Vorne der neue Kaufhof, ganz hinten in der Straße das alte Kaufhausgebäude.

Messeplatz (27) zurück ins Lamboy. Der ganze Kram vier Stockwerke hoch bis in die Speiskammer unserer Wohnung geschleppt.

In der Fahrstraße, die noch heute den Stadtbussen als Verbindung zwischen Freiheitsplatz und Marktplatz dient, war damals wie heute noch der Schnellimbiss „bei Merten“ etabliert. Damals schon wurden hier auch Hamburger und Co und vieles Leckere, was uns bis dahin – von Mutters Küche „verwöhnt“ – verborgen geblieben war, angeboten. Auch ich habe meine ersten, in schmale Stäbchen geschnittene Kartoffeln, roh in Fett schwimmend gebackene und mit Salz bestreut, in diesem Imbiss gegessen. Für 50 Pfennig gab es eine Tüte voll Pommes. In der damaligen Zeit eine absolute Seltenheit für uns Kinder. Mein Bruder hat „bei Merten“ viel Taschengeld gelassen.

Für einen technisch interessierten Jungen waren auch für mich die Werkzeug- und Haushaltswarengeschäfte Himmler (in der Nürnberger Straße) und Sauerwein (in der Hammerstraße) anziehend. Einzelne Schrauben in allen Ausführungen, Teile für den Kohleofen, Werkzeuge aller Art, konnten hier neben Kochtöpfen und Porzellanschüsseln bei guter fachlicher Beratung, erworben werden.

Ein weiteres Kinocenter, das heute allerdings verschwunden ist,

Keramik mit Hausnummer an den Häusern zwischen Nordstraße und Marienkirche

gab es noch in der Krämerstraße / Ecke Steinheimer Straße. Im Capitol oder im Luxor haben wir auch die eine oder andere Mark vom Taschengeld verpulvert.

Der Freiheitsplatz führte in östlicher Richtung am Gewerkschaftshaus vorbei, in die Nordstraße Richtung Lamboyviertel. An den Schaufenstern der An- und Verkaufsläden habe ich mir früher die Nase plattgedrückt. Gab es doch viele hochwertige Sachen, die Wünsche in uns wachriefen. Ein Zoogeschäft hatte immer was Lebendiges im Schaufenster.

Auf der linken Seite stadtauswärts sind die Siedlungshäuser bis zur Marienkirche mit hübschen Keramiken verziert. An jedem Haus war früher eine große Kachel mit der Hausnummer und einer anderen Tierabbildung neben der Haustür befestigt – mal einen Salamander, mal ein Eichhörnchen oder eine Katze. Sehr schön und eindrucksvoll! Für mich waren das die Tierhäuser. Vom 2er Bus aus habe ich mir diese Tafeln gerne angesehen. Trotz Renovierung haben einige Keramiktafeln überlebt und schmücken teilweise heute noch diese Häuser.

Kurz möchte ich noch vom Spielzeugladen Brachmann in der Rosenstraße berichten. Die schönen Sachen, die unser Kinderherz begehrten, blieben aber für mich meistens immer im Schaufenster. In der Adventszeit wurde seinerzeit in diesem Geschäft eine große Modellbahnanlage im hinteren Schaufenster

Der Märklinkatalog 1962/1963 war bei uns Modellbahnern heiß begehrt und hat damals sogar früher nix gekostet.

(So eine V200 habe ich heute noch!)

ausgestellt. Die Züge fuhren wie von Geisterhand gesteuert durch die Anlage. Weil hier gleichzeitig die Neuheiten der Modellbahnwelt gezeigt wurden, musste ich mir als „Modellbahner“ jedes Jahr natürlich diese Ausstellung ansehen. Mein Bedarf für die eigene Anlage ist dadurch natürlich geweckt worden und es war genug Motivation für diese schönen Sachen zu sparen. Später ist dann der Bereich Modellbahn in die Salzstraße in ein eigenes Ladenlokal umgezogen. Bei sehr guter fachmännischer Beratung habe ich hier Ersatzteile für unsere Märklin-Eisenbahn eingekauft. An den Lokomotiven und Waggons ging ja immer mal was kaputt.

Der Hanauer Wochenmarkt findet heute noch zweimal wöchentlich (mittwochs und samstags) vormittags vor dem Neustädter Rathaus statt und hat seinen Ursprung schon im Mittelalter. Auf dem Marktplatz werden noch heute, zwischen Kaufhof und P&C rund um das große Denkmal der Gebrüder Grimm, die Marktstände aufgebaut. Die Landwirte aus der Umgebung bieten hier ihre Erzeugnisse an. Dieser Markt soll sogar der größte Wochenmarkt Hessens sein.

Wenn der Marktplatz einmal für andere Aktionen der Stadt belegt ist, zieht der Obst- und Gemüsemarkt einfach auf den großen Parkplatz auf dem Freiheitsplatz um. Auf dem Wochenmarkt haben sich auch die Limperts mit Gemüse und Obst, das der eigene Garten nicht hergegeben hat, eingedeckt. Jungpflanzen,

Nach dem Wochenmarkt ist der Platz mit diesen Kehrmaschinen gesäubert worden.

Bild auf den alten Kaufhof – hinten sieht man das alte Kaufhausgebäude in der Nürnberger Straße Ecke Hirschstraße, aufgenommen 1964.

wie Salat, Tomaten etc., haben wir hier ebenfalls eingekauft. Mit dem Fahrrad oder dem Bus ging es hin und vollgepackt nach Hause zurück. Nach Marktschluss hat die Stadtverwaltung mit riesigen unförmigen Kehrmaschinen den Platz säubern lassen. Diese Ungetüme haben mich immer wieder aufs Neue fasziniert und zum Marktplatz in die Stadt gelockt.

Selbst 1996/97, als ich wieder für ein Jahr in Kesselstadt gewohnt habe, war der Marktbesuch ein Muss. Das gute, frisch gebackene Steinbacher Brot soll es dem Hörensagen leider nicht mehr geben. Heißer Tipp von damals: Kurz vor Marktschluss bekam man das Eine oder Andere recht günstig – vor allem die tollen Blumensträuße habe ich mir dann gerne für kleines Geld gekauft.

Zwei Schulkollegen mit charmantem Sprachfehler aus der Lamboystraße haben damals einen Stand auf dem Markt betrieben und es war immer wieder nett ein Schwätzchen mit den Brüdern halten zu können.

Der Kaufhof auf der Ostseite des Marktplatzes war nicht immer da wo er jetzt ist. Ich erinnere mich noch, dass der erste Kaufhof in der Nürnberger Straße Ecke Hirschstraße gewesen ist. Von dort ist er irgendwann in den Neubau am Marktplatz umgesiedelt. Der Begriff „am alten Kaufhof“ war damals allen Hanauern geläufig. Er bezeichnete den Bereich um das alte Verkaufsgebäude in der Nürnberger Straße.

Taschenfahrplan
der Verkehrslinien von Hanau

DB Bundesbahn
Abfahrts- und Ankunftszeiten

Hanauer Straßenbahn AG

Omnibuslinien
der Stadt Hanau und Umgebung

Gültig vom 1. Oktober 1978 bis 26. Mai 1979

Ohne Gewähr Preis DM 1,50

Herausgeber: DER DEUTSCHES REISEBÜRO GMBH HANAU
Amtliches Verkehrsbüro der Stadt Hanau

Verantwortlich für den Anzeigenteil: H. Schultheis,
6458 Rodenbach 1, Würzburger Straße 59 a, (06184) 50546

Wer erinnert sich noch an den kleinen Handarbeitsladen „Ruth“ in der Schnurstraße 7 hinten, wo heute noch die Tanzschule Berne ist? Handarbeit und vor allem das Stricken von Kniestrümpfen und wollener Oberbekleidung waren damals angesagt, weil es Geld gespart hat. Die fernsehlose Freizeit wurde sinnvoll genutzt um Kosten für Klamotten so niedrig wie möglich gehalten. Mutter hat bei „der Ruth“ Wolle ausgesucht und reservieren lassen. Wenn daheim der Wollevorrat beim Stricken zur Neige ging, bin ich mit dem Fahrrad zur Ruth geschickt worden, um Nachschub zu holen. In dem kleinen Laden hat sich die Wolle bis unter die Decke gestapelt – zwischen drin meistens ein paar schlafende oder schnurrende Katzen. Zwei ältere Damen haben den Laden geführt und uns mit tantenhafter Freundlichkeit bedient. Der Laden hatte irgendwie eine romantische Ausstrahlung auf mich.

Am Tanzunterricht beim alten Herrn Berne nebst Gattin habe ich ebenfalls teilgenommen. Das gehörte damals wie heute einfach zur „guten Erziehung“. Die erste Stunde war getrennt nach Männlein und Weiblein. Zuerst hat Herr Berne Wert auf die Benimmregeln im Umgang mit der Damenwelt gelegt und diese uns Jungs auch entsprechend vermittelt. Dann erst sind wir auf die holde Weiblichkeit losgelassen worden. Walzer, Foxtrott, Tango und anderes Wichtige im und zum gesellschaftlichen Umgang in der großen weiten Welt haben wir hier gelernt.

Sonntags bin ich zum Tanztee „zum Berne“ gegangen. Ab

Angebot des untergegangenen Latscha-Filialbetriebes – das war meine Lehrfirma.

16:00 Uhr hat sich in der Tanzschule das Jungvolk aus Hanau und Umgebung getroffen. Mein Bruder hat manchmal den Discjockey gemacht und hat zusammen mit „Goofy“ aufgelegt. Eine halbe Stunde modernes Zeug, eine halbe Stunde Standardtänze – immer schön im Wechsel. Beim Schmuseblues hat Frau Berne auf Contenance geachtet. Pärchen, die etwas zu eng zusammen getanzt haben, wurden mit einem dezenten Schlag mit ihrem Handtuch, das sie für solche Gelegenheiten stets mit sich führte, auf Abstand gebracht.

Die Nürnberger Straße ist von unserer Oma gerne besucht worden. Ihre Kleidung hat sie ausschließlich in den Modehäusern Jäger oder Karrach erworben. (Mein Opa wurde ausstaffiert beim Czech am Freiheitsplatz oder bei Haus & Hasselbaum.) Da meine Oma uns Kinder auch einmal jährlich kleidungsmässig bezuschusst hat, bekam mein Bruder und ich im Lederfachgeschäft Lehr einmal eine wildlederne Knickerbocker verpasst. Sehr zum Entzücken der Oma mussten wir, der Erziehung wegen, große Dankbarkeit zeigen. Mein Bruder hat das Ding gehasst und irgendwie schnell kleingekriegt. Blue Jeans, auch noch von Levis, gab's für uns nicht. Jahrelang mussten wir diese unkaputtbare, graue Scheußlichkeit mit selbstgestrickten Kniestrümpfen auch in der Schule – sehr zur Freude meiner Kumpelchen – tragen. Deren Spott war mir gewiss! Was anderes gab es selten, es wurde schon mal ausnahmsweise eine Manchesterhose genehmigt.

112
FEUER
NOTRUF
110

7

Funk, Fernsehen und das Telefon

In meiner Schulzeit hat der Hessische Rundfunk spezielle Hörfunkprogramme für Kinder und Jugendliche gesendet. Mit unserem damals hochmodernen Stereo-Röhrenradio von Grundig, mit dem magischen Auge (der Stolz unseres Vaters), haben wir sonntags nach dem Mittagessen mit Spannung der Kinderstunde im Radio gelauscht. Geschichten, Märchen und Erzählungen haben uns dann ab 14:00 Uhr eine halbe Stunde lang an das Gerät und den Hessischen Rundfunk gefesselt. Da wir in unserem Haushalt ziemlich spät einen Fernsehempfänger bekommen haben, kannten wir ja nichts anderes und so war für uns Kinder halt das, was aus dem Radio kam, etwas ganz Besonderes.

Unter der Woche gab es damals vormittags Schulfunksendungen auf den verschiedenen Radiokanälen mit interessanten Berichten über alle möglichen Themen und Regionales aus der Heimat zu hören: „Warum gibt es das Felsenmeer im Odenwald?" „Wie entsteht ein Feuer?" oder „Warum kann ein Flugzeug fliegen?" wurden anschaulich ohne Bilder dargestellt. Für mich war es ein Muss am Radio zu hängen, wenn es die Zeit zuließ. Der Landfunk im HR sonntags, mit Heiner und Babette, haben mir damals schon einen Einblick in die jahreszeitlich unterschiedlichen

Gartenarbeiten vermittelt. Der Vergleich mit den heutigen Fernsehprogrammen – „Sendung mit der Maus“ und „Löwenzahn“ sei hier mal erlaubt!

Bei dem Radio habe ich, um meine Neugierde zu befriedigen, auch gerne einmal die Papprückwand abgeschraubt. Die bunten Drähte und glühenden Röhren haben doch recht magnetisierend auf mich gewirkt. Wie kann denn bei so einem geordneten Durcheinander ein Ton erzeugt werden? Wegen dem unsichtbaren Strom, der überall leise im Verborgenen vor sich hinfloss, war das nicht ganz ungefährlich.

Das Radio hat eigentlich immer gespielt! Vater hatte gerne Volkslieder und „dicke Backenmusik“ um sich rum. Wir jungen Burschen haben da natürlich die Rock- und Pop-Sendungen unserer Zeit gerne gehört. Für Vater war das „Neeeschermusigg“ und so waren Unstimmigkeiten mehr oder weniger vorprogrammiert.

Später habe ich mir dann auch schon ein kleines Transistorradio mit Ohrstecker für ca. 10 Mark leisten können. Jeder hatte so ein Ding mit dem umständlich analog auf der Zeilenskala ein Sender gesucht werden musste. Die Tonqualität ließ leider bei diesen Geräten sehr zu wünschen übrig. Unser Traum, über ein eigenes Walkie-Talkie für unsere abenteuerlichen Exkursionen zu verfügen, konnte mangels Masse nicht erfüllt werden. Damals haben solche Teile über 100,- DM gekostet. Der Neckermann-Katalog und auch der von Quelle haben immer wieder unsere Wünsche geweckt. Man hat schön mit dem Zeigefinger über die Seiten „bummeln“ können. Gewünscht haben wir uns vieles, mit dem Bekommen war es anders.

Als Teenager haben mein Bruder und ich zu Weihnachten einen Radiorecorder von Grundig als gemeinsames Geschenk bekommen. Jetzt konnten wir auch unsere eigene Musik hören und sogar aufnehmen. Was für eine Innovation! Mussten sich unsere Freunde noch mit großen mehrspurigen und schweren Tonbandgeräten abquälen, konnten wir dagegen überall und unabhängig unsere Lieblingsmusik direkt vom Radiosender auf die kleinen Musikkassetten aufnehmen. Vorsicht war jedoch hier geboten – hat der Recorder doch so gerne das dünne Band „gefressen“ und unbrauchbar gemacht. Die Bandkassetten gab es in 60, 90 und 120 Minuten Laufzeit und haben entsprechend gekostet. War mal so eine teure Kassette verheddert, haben wir versucht das kostbare Band zu retten. Ein Kugelschreiber wurde durch das Laufrädchen geschoben, der dann durch vorsichtiges Drehen das feine Magnetband wieder in die richtige Position gebracht hat.

Nach der Schule war für uns die Mittagsdisco im Hessischen Rundfunk mit Atze ein Muss. Auch donnerstags abends haben wir die internationale Hitparade regelmäßig verfolgt und die neuesten

Unser erster Radio- Kassettenrecorder von Grundig

Mit dem Ding haben wir fast jede Woche den Nr. 1 Hit der Hitparade „mitgeschnitten“.

Hits mitgeschnitten. Mit Spannung und hochkonzentriert haben wir versucht unsere Musik, ohne das störende Gebabbel der Radiomoderatoren, mit geschicktem Drücken der richtigen Tastenkombination zur richtigen Zeit, aufzuzeichnen. Leider durften wir den Radiorecorder nicht mit runter zum spielen (und angeben) mitnehmen. Die Batterien waren ziemlich schnell leer und wir mussten die teuren Dinger von unserem Taschengeld selber kaufen.

Wer kann sich denn heute ein Leben ohne Handy, MP3-Player oder sonstigen elektronischen Schnick-Schnack, den uns die Industrie jährlich neu anbietet, vorstellen? Unser iPod hat im Geschirrschrank gestanden und in ihm wurden die gekochten Sonntagseier serviert! Mal ehrlich: Wir alten Modelle aus den 50ern des letzten Jahrtausends können uns das mittlerweile auch nicht mehr so richtig vorstellen. Oder?

Irgendwann hat auch unser Haushalt ein Fernsehgerät mit Schwarz-Weiß-Empfang bekommen. Die Geräte in den 60ern waren ja richtige große Möbelstücke. Am 06. April 1961 hat unser Vater vom Postamt Hanau mit der Registriernummer F193619 unter Auflagen die Genehmigung bekommen „in seinen Räumen eine Fernseh-Rundfunks-Empfangsanlage zu errichten und zu betreiben“. Jetzt ging auch bei uns das Geflimmere los! Unter der Woche begann das Fernsehprogramm erst nachmittags. Vorher gab es nur das Testbild mit komischen Linien, Kreisen und

Filmszene aus der TV-Serie Ivanhoe, der schwarze Ritter – mein Filmheld

Figuren. Später ist sogar noch das Zweite Programm dazugekommen und man hat wählen müssen was geguckt werden soll. Die Familie hatte endlich mal wieder was zum diskutieren!

Sonntags, nach dem Mittagessen, ist für uns Kinder einiges ausgestrahlt worden. Ivanhoe, Fury und Lassie waren ebenso unsere Lieblinge und haben uns durch die Jugend begleitet. Wer kann sich noch an die Fernsehserie mit Rin Tin Tin, dem Deutschen Schäferhund, erinnern?

Nach dem Sandmännchen mussten wir Jungs uns für die Nacht fertigmachen und ins Bett gehen. Samstags durften wir mit den Eltern abends aber dann doch mit fernsehen. Lümmelnd mit Kissen auf dem Fußboden, haben wir mit Spannung alte Krimis, Filme mit Heinz Rühmann und EWG (einer wird gewinnen) in Schwarz-Weiß angesehen. Die Glotze war für mich so spannend, dass ich schon einmal vormittags vor dem leeren Bildschirm saß und eigene Bilder in Gedanken auf die Mattscheibe projizierte.

Wer kann sich noch an den schönen Pausenfilm mit den Katzenkindern im Hessischen Rundfunk erinnern? Die Katzen sind durch die HR-Dekoration geturnt und haben so manchen Blödsinn angestellt. Diese „Lückenfüller“ (und sogar die Werbung) waren neben den Hauptsendungen fast genau so wichtig für unsere Unterhaltung und wurden mit gleicher Aufmerksamkeit verfolgt.

Telefon hatte unsere Familie bis 1971 keines. Dieses Kommunikationsmittel wurde angeschafft, als ich ausgelernt hatte und so auch etwas zur Anschaffung beisteuern musste. Die Kosten für die Anschlussgebühr gingen damals zu meinen Lasten. Bis dahin mussten wir zum Telefonieren zu Frau Teßner, eine Etage tiefer oder an das gelbe Telefonhäuschen an der Ecke zur Karl-Marx-Straße gehen. Dort hat man dann manches Mal warten müssen, bis der Vorgänger mit seinem endlosen Gebabbel aufgehört hat. Das Häuschen war im Viertel sehr begehrt. Wenn es dringend war, wurde auch schon mal die Nachbarschaft behelligt. So habe ich dann als Lehrling in der Sturm- und Drangzeit den Kontakt mit der weiblichen Gesellschaft halten können.

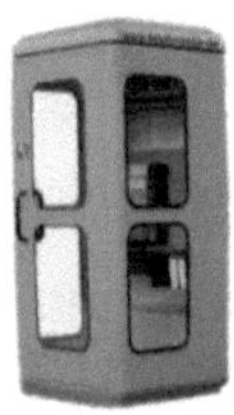

Die gelben Telefonhäuschen sind überall verschwunden!

8

Amerikanische Soldaten und JFK

Hanau war nach dem Zweiten Weltkrieg bis ins Jahr 2000 hinein einer der größten Stützpunkte der US-Armee in Europa. Die Militärgemeinde des Standortes Hanau mit dem Stadtteil Wolfgang und dem Fliegerhorst Langendiebach umfasste zum Höhepunkt des kalten Krieges rund 30.000 Soldaten und Zivilpersonen.

Unser gesamtes Lamboyviertel wurde stark von den Amis geprägt. Nach dem 2. Weltkrieg kamen sie als Besatzungssoldaten und bezogen die 1910 für die preußischen Eisenbahnregimenter erbauten Lamboy-Kasernen ②.

Die Geschäfte rund um die Kasernen hatten ihr Sortiment der Armee angepasst. Auch in unserem Nachbarhaus gab es einen „Giftshop", der später in das Erdgeschoss unseres Hauses umgezogen ist. Bars und Restaurants gab es ausreichend. Schön für uns und unser Taschengeld. So konnten wir die eine oder andere leere Nicolay-Bierflasche aus den Hinterhöfen der Nachtclubs stibitzen und am nächsten Wasserhäuschen wieder gegen Bares eintauschen. Diese Aktionen haben unser mageres Taschengeld etwas aufbessern können. Einmal ist uns ein

Amipanzer auf dem Kasernenhof

Heute stehen hier Bäume und Bänke zum verweilen.

Wenn die Amis mit den Dingern über die Lamboystraße mit viel Getöse ausgerückt sind, haben alle Häuser gewackelt!

„Neger“ nachgemacht. Wegen seines Rausches hat er uns aber nicht erwischt.

Viele Soldaten haben damals in Privatwohnungen im Lamboy und in ganz Hanau gewohnt. Selbst mein Uropa in Kesselstadt hatte eine Wohnung über seiner Spenglerwerkstatt in der Feldstraße an Amis vermietet. Eine junge amerikanische Familie mit Kleinkind wohnte hier. Ich erinnere mich noch gut daran, dass die „fremd“ gerochen haben. Benutzten sie doch für uns unbekannte Pflegeartikel und ernährten sich ganz anders.

Zu unserem Straßenverkehr in Hanau gehörten in dieser Zeit große schöne Amischlitten mit viel PS zum Abschleppen der einen oder anderen schönen jungen Dame vom Straßenrand. Die jungen Soldaten (GIs) versuchten sich gerne mit ein paar typischen amerikanischen Dingen aus der PX (Kaufhaus der Amis), die es in unseren Geschäften nicht gab, bei unseren Mädels einzuschleimen. Sehr begehrt waren ganz besonderst Nylonstrümpfe, Whisky und Zigaretten (mit Mentholgeschmack!). Der Umtauschkurs für den Dollar war seinerzeit zu Gunsten der Amerikaner sehr gut und so mancher der GI hat sich wie ein Millionär gefühlt (und manchmal auch so benommen).

Wenn unsere Besatzungsarmee mit ihren schweren Panzern über die Lamboystraße ins Manöver zog, bebten die betagten Häuser im ganzen Viertel. Das Dröhnen der Motoren aus der

Blick in die Chemnitzerstraße und ...

...auf die verlassene Sporthalle (17) der Amis im Jahr 2011

Panzerwerkstatt (16) in der Chemnitzer Straße war im ganzen Viertel zu hören und brachte so manche Glasscheibe zum Klirren. Wir konnten ja von unserem Kinderzimmerfenster gut auf das gegenüberliegende Kasernengelände (2) sehen und so das Treiben der Kaugummi kauenden Jungs verfolgen. Die lungerten in ihrer Freizeit zum Teil an den offenen Fenstern rum und hörten laut ihre Musik und schnickten lässig ihre Zigarettenkippen nach unten auf die Straße. Fern der Heimat haben die Brüder gerne einmal über die Strenge geschlagen und das Lamboy öfter als einmal aufgemischt.

Die bösen Amijungs, die bei irgendwas erwischt wurden oder was ausgefressen hatten, mussten dann früh morgens die Kippen und den Dreck vor den Kasernen der Lamboystraße aufkehren. Aus unserem Fenster haben wir amüsiert beobachtet, wie der Straftrupp den ganzen Bürgersteig vor der langen Kasernenmauer fegen musste. Das waren schon ein paar Meter. Auffallend war, dass hierbei viele Schwarze dabei waren. Muskulös, meist nur mit einem Muskelshirt bekleidet, wirkten sie sehr furchteinflößend auf mich. Ein brüllender Schleifer mit Trillerpfeife und Schlagstock bewaffnet hat die ganze Sache beaufsichtigt.

Von den Amis konnten wir ganz gut mal was schnorren, sogar hier und da mal ein Kippchen für die Älteren von uns. Jährlich wurde vor der US-Sporthalle (17) in der Chemnitzer-Straße ein

Freundschaftsfest von den amerikanischen Soldaten für die Nachbarn im Lamboyviertel ausgerichtet. Alles was hier angeboten wurde, war für uns kostenlos. Eiscreme in 500-Gramm-Bechern (eine wahre Köstlichkeit), Cola in Dosen ohne Ringpooldeckel, Sandwichs aus Weißbrot, Hotdogs usw. haben uns Einblick in die moderne Ernährung von „Amerikakanern" verschafft. Hier habe ich auch zum ersten Mal im Leben einen Pappdeckelbecher in der Hand gehalten.

Hinten am Lamboywald ⑥, links hinter den Kasernen, gab es einen großen Schießübungsplatz ⑱. Regelmäßig haben die US-Soldaten den Umgang mit Gewehr und anderen Handfeuerwaffen dort trainiert. Nachmittags nach den Schießübungen sind wir hierher gegangen, um im Sand nach leeren Patronenhülsen zu suchen. Manchmal war auch eine scharfe Patrone dabei. Die haben wir dann gegen ein paar Dollar bei den Wachsoldaten am Kasernentor eingetauscht.

Im Juni 1963 gab es eine besonders große Aufregung in unserer Schule, in unserem Viertel und in der ganzen Stadt. Der US-Präsident hatte sich zu einem Besuch in Deutschland und speziell in unsere beschauliche Gegend angesagt. Für uns Zehnjährige war das eigentlich nicht so interessant. Wer war schon dieser John F. Kennedy aus Amerika? Aber es gab Fleißpunkte für die, die mit Fähnchen ausgestattet, dem mächtigsten Mann der Welt nach der Schule zujubelten. Und die Punke konnte ich gut gebrauchen.

Schon früh morgens haben sich am Dienstag, dem 25.06.1963 rund 40.000 Menschen auf dem Fliegerhorst in dem kleinen Langendiebach eingefunden, um dem „höchsten Repräsentanten der freien Welt“ zu huldigen. Der amtierende Bürgermeister Ruth aus dem kleinen Diebach (wie hat der sich wohl gefühlt?) war ebenfalls mit dabei. Vollbesetzte Tribünen säumten vor der mächtigen Kulisse von über 1.000 aufgefahrenen Panzern und Fahrzeugen, sowie 15.000 angetretenen amerikanischen Soldaten das weite Flugfeld, auf dem der amerikanische Präsident eine imposante Dokumentation militärischer Stärke erleben sollte.

Um Punkt 10:29 Uhr traf Kennedy auf dem Fliegerhorst in Langendiebach mit einem „Schraubenhuber“ aus Bonn ein. Er wurde von einer amerikanischen Militärdelegation mit allen militärischen Ehren empfangen, die einem Staatsoberhaupt gebühren. Als JFK die lange Front der angetretenen Einheiten im Schritttempo in einem offenen Wagen abfuhr, brach auf den Tribünen immer wieder der Jubel auf: Deutsche und Amerikaner feierten mit Hochrufen, Händeklatschen und Fähnchenschwenken den Präsidenten, der lächelnd und winkend die Ovationen entgegennahm. (Viel iss hier nett uff meim Mist gewachsen sondern aussem Hanauer Anzeiger vom 26.06.1963!)

John F. Kennedy bei der Abnahme einer Truppenparade auf dem Fliegerhorst in Hanau. Auf diesem Bild sieht man das Präsidentenfahrzeug, welches der Präsident in Europa dabei hatte. Es handelt sich um genau jenen Wagen, in dem Kennedy in Dallas erschossen wurde.

Nach der Abnahme der Truppenparade und einer Ansprache vor den Mitgliedern der 3. Armee Division nahm der Präsident um 12:15 Uhr, zusammen mit einigen Offizieren und ausgewählten Soldaten der Einheit, ein Mittagessen ein. Anschließend führte er noch abgeschirmte Gespräche mit den amerikanischen Generälen. Gegen 14:00 Uhr verabschiedete sich Kennedy von den Militärgastgebern und fuhr im Auto, zusammen mit unserem damaligen Vizekanzler Erhard und dem hessischen Ministerpräsidenten Georg August Zinn, im Norden Hanaus vorbei auf der Umgehungsstraße B8 (19) bis nach Frankfurt. Für diese Fahrt zur Paulskirche nach Frankfurt wurden damals eine Stunde und vierzig Minuten eingeplant. Die gesamte Fahrtroute über Dörnigheim und den Industrievororten Frankfurts war festlich mit den Amisymbolen geschmückt.

Bewaffnet mit meinen amerikanischen und deutschen Papierfähnchen habe auch ich mich aufgemacht, JFK zu huldigen. Zu Fuß ging ich an unserer Schule vorbei, durch die Karl-Marx-Straße und weiter die Breslauer Straße entlang zur Bruchwiese (20). Nach dem Überqueren der Bahnschienen, die ins Gleislager führten, gab es einen Feldweg, über den man die Umgehungsstraße (19) erreichen konnte. Natürlich habe ich bei dieser Gelegenheit wie immer, wenn ich hier vorbeigekommen bin, ein Papierschiffchen in den Fallbach gesetzt, der hier

Musikzug der US Soldaten

Immer fein rausgeputzt wurden sie von den Hanauern gerne gesehen.

ebenfalls noch überquert werden musste. Da habe ich dann an der großen Straße gestanden und auf den Konvoi des Präsidenten gewartet. Die ganze Strecke nach Frankfurt war gesperrt. Die sonst so vielbefahrene Bundesstraße 8 [19] war für mich ein bisschen unheimlich. Dann ging es zack zack los: erst Polizeiautos, Hubschrauber, Militärfahrzeuge und eine Motorradstaffel vor drei oder vier riesigen US-Limousinen. Das ganze ist in ein paar Sekunden an uns vorbeigedonnert! Wo und in welchem Auto der US-Chef saß, konnte ich nicht ausmachen.

Fertig! Die größte Mammut-Truppenschau aller Zeiten für einen dreistündigen Besuch eines US-Präsidenten war ein großer Tag für alle Beteiligten unserer beschaulichen Region und nun vorbei. Die Verantwortlichen haben sicher mal ordentlich durchgeschnauft und der Langendiebacher Bürgermeister Ruth hat sich bestimmt jahrelang nicht mehr die Hand, die der Präsident gedrückt hat, gewaschen. Aber Hauptsache – ich war auch dabei, hab brav meine Fähnchen geschwenkt und meine Fleißpunkte in der Schule kassiert.

Die Amerikaner hatten einige Musikcorps in unserer Gegend. Bei Stadtfesten und beim Faschingsumzug haben sie gerne lautstark, aber immer sehr diszipliniert, mitgewirkt. Die Knöpfe der schicken Uniformen und die Instrumente gut auf Hochglanz poliert, waren die Militärmusiker eine Augenweide für die Hanauer Bevölkerung.

Die amerikanische Musikrichtung – hier vor allem auch die Stücke von Glenn Miller – sind von uns gerne gehört worden. Apropos Fastnachtsumzug: Früher wurde am Faschingsdienstag für den prächtigen und recht langen Umzug die ganze Innenstadt gesperrt.

War ja nicht alles schlecht mit den Amis! Aber warum die großen Begrenzungskieselsteine im Amiviertel immer weiß oder rot angemalt werden mussten, hat sich mir nicht erschlossen. Ich erinnere mich noch gerne an die farbenfrohe und prächtige Weihnachtsdekoration der Amerikaner in der Adventszeit. Jahrelang gab es eine große, mit hübschen Figuren dargestellte Weihnachtskrippe hinter dem Kasernentor gleich links in der Chemnitzer Straße, jedes Jahr ein Anziehungspunkt für die ganze Familie. Bestand doch unsere Weihnachtsdeko seinerzeit aus traditionellem Schmuck wie echte Kerzen, Lametta und Glaskugeln. Am Tannenbaum gab es nix „Elektrisches"!

Im August 2008 wurde die US-Garnison endgültig geschlossen und auch die letzten amerikanischen Soldaten sind aus Hanau abgezogen. Zurück blieb eine etwa 350 ha große Fläche ehemaliger militärischer Anlagen, ② die zum Teil heute noch ungenutzt ist und auf eine sinnvolle Nutzung wartet. Wo es einst Pizzas gab, wird jetzt Döner angeboten, wo mal ein Kiosk war, ist ein Nagelstudio (aber es gibt keine echten Nägel da zu kaufen).

9

Stück AG – die Weinbrennerei

Wenn man die Lamboystraße Richtung Innenstadt befuhr, teilte sich die Straße nach der Wilhelmsbrücke ⑤ links in die Nordstraße und geradeaus in die Wilhelmstraße. Das ist auch heute noch so! Auf der Ecke der beiden Straßen ist damals die Produktionsstätte einer Spirituosenfabrik ㉑ ansässig gewesen.

An so manchen Tagen hing in dieser Gegend ein doch recht angenehmes Aroma in der Luft, besonders dann, wenn ein riesengroßer Eisenbahnkesselwagen seinen köstlichen Weininhalt in die Fabrik pumpte. Der Eisenbahnwaggon ist auf der Straße mit einem speziell dafür bestimmten Fahrzeug der Bundesbahn dorthin geschafft worden und kam aus Frankreich oder sonst wo her. Im Sommer war der Duft nach vergorenen Trauben am intensivsten. Auf dem Weg ins Stadtbad ㉙ mussten wir ja zwangsläufig an der Schnapsfabrik vorbei. Beim überqueren der Wilhelmsbrücke ⑤ meine ich heute noch den Geruch in der Nase zu spüren. Ich glaube, dass meine Liebe zu dem aus den vergorenen blauen Weintrauben hergestellten alkoholischen Getränk aus diesem Umstand hervor gegangen sein muss.

Auf der Nordstraße ist extra eine Haltebucht für dieses obskure

DB-Straßenroller mit Kesselwagen – so ein Teil mit Wein gefüllt stand regelmäßig in der Nordstraße vor der Fa. Stück AG (21) zum Abpumpen bereit.

Gefährt vor der Fabrik ausgebaut gewesen. Mit einer starken Faun- oder Henschel-Zugmaschine wurde der „DB-Straßenroller" mit dem Kesselwagen von der Gehspitz, an der Brüder-Grimm-Straße im Süden Hanaus, bis hin in die Nordstraße geschleppt. Umfangreiche Sicherungsmaßnahmen waren bei den engen Straßenabschnitten erforderlich. Sicher wäre der Eisenbahnwagen auch vom nahen Nordbahnhof aus anlieferbar gewesen. Dieses Gespann hatte jedoch ein so hohes Gewicht, dass die Statik der damaligen Wilhelmsbrücke ⑤ eine solche Aktion wahrscheinlich nicht zuließ. Ich war immer wieder erstaunt über den Aufwand der hierfür betrieben worden ist.

Um die günstige Berlinförderung auszunutzen, wickelte die Firma Stück-Weinbrand AG ㉑ Anfang der 60er Jahren ihre Geschäfte nahezu ausschließlich nur noch über ihre Berliner Niederlassung ab. Nach dem Berlin-Hilfe-Gesetz waren damals alle von Westberlin in das Bundesgebiet gelieferten Waren von der Umsatzsteuer befreit. Auch der Schnaps! Das hat letztendlich zur Schließung der Brennerei an der Wilhelmsstraße geführt.**

Noch lange nach der Aufgabe der Alkoholproduktion in der Nordstraße stand ungenutzt und traurig die große Zugmaschine mit seinem Straßenroller auf dem Bahnbetriebsgelände an der

** Quelle: **DER SPIEGEL 14/1962**

So ein Gefährt mit Zugmaschine und ohne Kesselwagen stand lange ungenutzt auf dem Bundesbahngelände an der Brüder-Grimm-Straße.

Brüder-Grimm-Straße rum. Rings herum hatte sich das Unkraut schon breit gemacht. Auf diesem Betriebshof sind alle Busse und Servicefahrzeuge der Bundesbahn beheimatet gewesen, wurden hier gewartet und gepflegt (und hier habe ich auch das Autofahren gelernt!). Unser Vater hatte hier seinen Arbeitsplatz. Sicher war die Idee, die Eisenbahn in Hanau auf die Straße zu bringen, nicht nur für den Schnapsladen in der Nordstraße bestimmt gewesen. Mir ist jedoch eine andere Nutzung nicht bekannt oder in Erinnerung geblieben.

Gegenüber dem Stück-Firmengelände ㉑ auf der Wilhelmstraße, gleich nach der Wilhelmsbrücke ⑤ rechts, befand sich das Postamt für unser Viertel. Früher war das eine recht bedeutende Bundeseinrichtung. Postbeamte haben an mehreren Schaltern Postanweisungen und Sendungen entgegen genommen, Gelder, die der Geldbriefträger nicht losgeworden ist, ausgezahlt und Pakete ausgegeben. Natürlich gab es auch Briefmarken – damals noch zum ablecken. Für uns Buben stand das Aufsuchen dieser Einrichtung einmal wöchentlich auf dem Programm. Bankfilialen waren noch nicht so verbreitet und so sind viele Geldangelegenheiten bei der Bundespost im Postamt erledigt worden.

Bootsverleih bei der Hellerbrücke an der Kinzigmündung

10

Die Kinzig

Ist etwas von dem knappen Taschengeld übriggeblieben, hab ich mir schon einmal ein Paddelboot beim Bootsverleih an der Hellerbrücke für ein Stündchen ausgeliehen. Natürlich ohne Wissen der Eltern! An der Stelle wo die Kinzig in den Main mündet, habe ich gerne gesessen und den Flussschiffen hinterher geschaut. Wasser hat schon immer eine faszinierende Anziehungskraft auf mich gehabt.

Mit dem Fahrrad bin ich von der Lamboystraße zur Kinzigmündung gestrampelt. Kinzigaufwärts ging es dann mit dem gemieteten Paddelboot, so weit dies körperlich, technisch und zeitlich möglich war. Durch unbekanntes Gebiet habe ich so Hanauer Ansichten mal von einer anderen Seite kennen lernen können. Unter der Vorstadtbrücke und dem Rückertsteg durch, am Schwimmbad vorbei an den Kinzigbogen, der hier krumme Kinz (14) genannt wird, konnte man schon bis zum Wehr an der Antoniterstraße paddeln. Dieses Hindernis hatte damals noch keine kleinen „Fischtreppen“ an den Seiten. Um ihre Laichplätze oberhalb des Gewässers erreichen zu können, mussten die Fische bachaufwärts mühsam über das Hindernis springen.

Hier am Wehr der Kinzig ㉒, neben dem Festplatz ㉗ hat sich die Jugend aus unserem Viertel am Geländer getroffen.

Dieses Spektakel hat viele Petrijünger angezogen. Auch die Kinder und Jugendlichen aus dieser Wohngegend haben im Sommer hier ihren nicht ganz ungefährlichen Spaß an dieser Stelle mit dem nassen Element gehabt.

Auch das Wehr ㉒ hinter der alten Mühle am Messeplatz ㉗ hatte es uns angetan. Vor dem Wehr hat sich so ziemlich alles aus meinem Jahrgang und aus unserem Viertel getroffen – erst mit Fahrrädern, später so mancher mit der Kreidler-Florett. Erste Annäherungen mit dem anderen Geschlecht waren hier ungestört möglich. Ganz Mutige haben im Sommer, wenn es besonders heiß war, auf dem klitschigen Wehrkamm die Kinzig überquert, ohne an die Gefahr des Abrutschens und der Landung im Wehrstrudel zu denken. Bestaunt von uns „Weicheiern" haben sich auch die Amis in ihrer Freizeit am Wehr mit ausgefallenen Aktionen austoben können. Jährlich haben in der Strömung und auch später Wildwasserveranstaltungen stattgefunden.

Das Bächlein war ja zu unserer Zeit nicht gerade sauber, geschweige denn hygienisch einwandfrei. Selbst an einem Altarm bei der Eisenbahnbrücke der Nordbahn haben wir unsere Luftmatratzen und uns selbst zu Wasser gebracht. Beim Schwimmen hat man hier und da schon mal was „Fremdes" in der Hand gehalten.

Das FKK - Gelände an der Kinzig auf der anderen Seite der

Quarzschmelze hat unsere Phantasie ordentlich auf Trapp gehalten. Man konnte wegen des hohen Bretterzauns nicht sehen was dort abgeht und war nur auf Gerüchte über diese Einrichtung angewiesen, die wir wie einen trockenen Schwamm aufsogen. Interessant war auch eine Fußgängerbrücke über die Kinzig in der Bulau (28), die angeblich einmal von amerikanischen Pioniersoldaten mit viel Holz und dicken Stahlseilen gebaut worden ist. So konnte man den Hanauer Stadtteil Wolfgang spaziermäßig erreichen. Diese Bulau-Brücke musste 1967 restauriert werden. Um die Kosten niedrig zu halten, haben diesen Job damals die Bereitschaftspolizisten aus Mühlheim und Hanau übernommen. Anfang September 67 konnte die Brücke wieder genutzt werden.

Bevor ein aufwendiges Rückstaubecken für die Kinzig bei Steinau an der Straße gebaut worden ist gab es regelmäßig im Frühjahr, nach der Schneeschmelze, Überschwemmungen im Bereich Messeplatz (27) bis hin in die Türkischen Gärten und weiter. Dann hieß es: Hanau am See! Die beiden Kinzigwehre waren als solche nicht mehr erkennbar. Häuser, die zu nah am Wasser gebaut waren, haben nasse Keller und feuchte Gärten bekommen. Die von allen als Abkürzung gerne genutzte Fußgängerbrücke (15) zur Stadt am Messeplatz konnte tagelang nicht benutzt werden. Selbst die Bahnunterführung am Nordbahnhof ist davon nicht verschont geblieben und ein paar Mal mit der braunen Brühe der Kinzig vollgelaufen. Nach dem Rückgang des Hochwassers liefen aufwendige Reinigungsarbeiten an.

Unsere Mutter hatte eine Putzstelle in einer Villa am Rückertsteg. Bei den Hausbesitzern, ein Hanauer Notar mit seiner eleganten Frau, war die Überraschung immer recht groß, wenn das Wasser bei ihnen im Garten und im Keller stand. Feine Leute denken halt an was anderes, als an den seit Jahrhunderten bekannten Rhythmus der Natur. Nicht nur die Radiosender haben über die Situationen möglicher Überschwemmungen berichtet sondern auch der Hanauer Anzeiger hat die Pegelstände veröffentlicht und die Leser entsprechend gut informiert.

Als Schüler bin ich dann auch regelmäßig zur Schadensbehebung in der Villa rekrutiert worden. Mein Taschengeldkonto hat ganz ordentlich davon profitiert und meistens blieb auch noch etwas für mein rotes Sparbuch übrig.

11

Die Tümpelgartenschule

Die Tümpelgartenschule ist Anfang der 60er neu gebaut worden. Der Neubau wurde notwendig, weil das Baugebiet Tümpelgarten sehr schnell wuchs und sich immer mehr Familien mit Kindern in dieser Gegend ansiedelten.

Namensgeber für diesen ganzen Stadtteil war ein kleiner Tümpel (22), an dem auch ein Vereinshaus der Aquarienfreunde Hanau, angesiedelt war. Gleich dahinter ist die neue Schule gebaut worden. Sie hat dann die ganzen Schulkinder rechts von der Lamboystraße aufgenommen. Etliche Lehrer und auch der Rektor sind von unserer Gebeschusschule in die neue Schule abkommandiert worden. So konnten die Schüler immerhin von einigen bekannten Gesichtern unterrichtet werden.

Leider ist diese Schule 1964 zur bundesweiten Berühmtheit geworden. Damals hatte ein Schüler einen Sprengkörper, den er neben dem Schulweg gefunden hatte, mit auf den Pausenhof der Tümpelgartenschule genommen. Das hatte katastrophale Folgen! Das Teil, eine 40mm Granate, ein Zünder aus US-Beständen oder so etwas Ähnlichem, ist zum Ende der großen Pause auf dem Schulhof explodiert.

Am 11.11.1964, einem Mittwoch, ereignete sich dieses schreckliche Explosionsunglück, bei dem 47 Schulkinder der Tümpelgartenschule verletzt wurden, davon sieben sehr schwer. Metallsplitter des Sprengsatzes trafen die Kinder. Zahlreiche Schüler lagen blutend und schreiend auf dem Pausenhof. Den Ersthelfern muss sich damals ein schreckliches Bild geboten haben. Laut Berichten aus dem Hanauer Anzeiger (HA), wurden die verletzten Kinder innerhalb von nur 20 Minuten auf die beiden großen Hanauer Krankenhäuser verteilt. Alle verfügbaren Rettungswagen rasten an diesem schönen Herbsttag mit tatütata die Lamboystraße rauf und runter.

Rasend schnell verbreiteten sich die Nachrichten von dem Unglück „stille-Post-mäßig“ in ganz Hanau. Eltern, die ihre Kinder in der Tümpelgartenschule hatten, eilten zum Unglücksort und weiter in die Krankenhäuser. In den Hanauer Krankenhäusern herrschte der Ausnahmezustand. Alle verfügbaren Ärzteteams operierten bis in den späten Tag die verletzten Kinder. 11 Kinder mussten noch wochenlang stationär behandelt werden. Ein Schüler verlor die rechte Hand und ein Auge.

Das Mitgefühl der Hanauer Bevölkerung war recht groß. Privatleute, Firmen und Vereine sammelten Gelder – selbst vom Hessischen Landtag wurden spontan 20.000 DM für die verletzten Kinder zur Verfügung gestellt. Viele Hanauer können sich sicher noch an dieses Ereignis erinnern, dass über die Stadtgrenzen von

Hanau hinaus, viele Menschen betroffen gemacht hat. Alle Medien haben bundesweit sehr ausführlich darüber berichtet. Es wurde viel darüber spekuliert, wie es zu einem solchen verheerenden Unglück kommen konnte.

Da viele Kinder aus unserer Gebeschusschule (12) in der Tümpelgartenschule untergekommen waren, hat dieses Ereignis die Lehrer und Schüler aus unserer Schule sehr betroffen gemacht. Waren uns doch einige der Verletzten über den Kindergottesdienst und der Jungschar persönlich bekannt. Ich denke jetzt dabei an den Sohn unseres Gartennachbars Rudolf P., der die Granate damals gefunden hatte und am schwersten verletzt wurde.

Trotz diesem Unglück ging das Leben in unserem Viertel weiter. Gemeinsam mit der Abgangsklasse der Tümpelgartenschule haben wir 1968 die Abschlussfahrt nach Hamburg unternommen. Am Ende der Büffelei und vor dem Schritt ins Berufsleben haben wir alle noch einmal richtig viel Spaß zusammen gehabt.

12

Reisen und das erste Familienauto

Alle Besorgungen und Reisen wurden mit dem Bus, der Bundesbahn oder Fahrrad unternommen. Die Hanauer Busse sind, zu Beginn meiner Erinnerungen, noch mit einem Anhänger und Fahrscheinverkäufern gefahren. Der Motorwagen hatte eine riesige Schnauze und eine mit Leder bezogene Motor- und Getriebeeinheit vorne in der Mitte des Fahrgastraumes. Später hat die Hanauer Straßenbahn AG modernere Busse mit einem halben oberen Stockwerk angeschafft. Hier oben konnten noch zusätzliche Sitzplätze, erreichbar über eine schmale enge Stiege, genutzt werden.

Manchmal hat sich unser Vater den Opel-Rekord-Kombi aus der Spenglerei unseres Urgroßvaters aus Kesselstadt ausgeliehen. Den Spenglereibetrieb führte der Cousin meiner Mutter Herrmann, nachdem sich Uropa zur Ruhe und in seinen großen Ohrensessel gesetzt hatte. Der Opel war, entsprechend seiner Nutzung, meistens etwas schmuddelig und musste vor Gebrauch erst einmal gereinigt werden. Danach konnte das Auto, ohne dass man sich die Sonntagsklamotten versaute, für gepflegte Ausflüge nach Michelstadt oder sonst wo hin, genutzt werden.

Einen großen Familienausflug haben wir einmal an den Rhein

Das ursprüngliche Empfangsgebäude des Hanauer Hauptbahnhofs, ein sogenannter „Inselbahnhof", wurde 1966 abgerissen.

nach Rüdesheim und zum Niederwalddenkmal unternommen. Gefahren wurden wir alle in einem VW-Samba-Bus. Ich glaube, der gehörte auch dem Cousin unserer Mutter aus Kesselstadt. Uns Knirpsen hat das Denkmal, mit der auf einem Sockel stehenden Germania, sehr beeindruckt. Bei jeder sich bietenden Gelegenheit haben mein Bruder und ich das gesehene Denkmal bei Spaziergängen nachgestellt. Es musste immer ein großer Stein als Sockel zum draufstellen da sein.

Mit der Bahn ging es regelmäßig zu den Großeltern nach Michelstadt. Wenn der Führerstand im Schienenbus sich nicht gerade im Gepäck- und Dienstabteil befand, habe ich gerne neben dem Triebwagenfahrer gesessen. Hier im Passagierabteil hatte man dann einen guten Ausblick auf die ganze Bahnstrecke und konnte den Verlauf der Schienen verfolgen. Da ist dann schon mal das eine oder andere Dammwild über die Gleise gesprungen und im Unterholz der angrenzenden Wälder verschwunden. Der ganze Fußboden im Motorwagen hat so vibriert, dass meine Fußsohlen ganz angenehm gekitzelt haben. Unterbrochen wurde die Fahrt manchmal in Hetschbach. Tante Hannelore und ihre Familie haben wir in dem kleinen Odenwalddörfchen sonntags gerne ab und zu besucht.

Bis 1966 war das Gebäude des Hanauer Hauptbahnhofs – früher auch einmal als Ostbahnhof bekannt – noch in der Mitte aller Gleisanlagen am südöstlichen Rand von Hanau gelegen. Der wichtige Bahnverkehrsknotenpunkt Hanau verknüpfte damals wie heute viele wichtige Bahnstrecken im Osten Hessens. In der Mitte der großen Bahnüberführung auf der B 43 hat uns der Bus links über eine Rampe zum damaligen Hauptbahnhof gebracht. Zu dieser Zeit gab es noch die kleinen braunen Fahrkarten aus festem Karton, die beim Betreten der Bahnsteige von einem Bahnbeamten mit einer Lochzange gekennzeichnet und entwertet worden sind. Auf den Bahnsteigen herrschte muntere Betriebsamkeit beim Transport von Koffern und Paketen, die mit Elektrokarren zwischen den Zügen und der Gepäckhalle hin und her gefahren wurden. Auf dem Karren vorne stand der Fahrer, der sein ulkiges Gefährt mit Handhebeln, die sich rechts und links von seinem Trittbrett in Griffhöhe befanden, gesteuert hat. Jeder Zug hatte früher einen eigenen Gepäckwagen mit Schaffner.

Da unser Vater bei der Bahn beschäftigt war, konnte die ganze Familie günstig mit dem Zug jedes Ziel erreichen. Kurzurlaubsfahrten sind nachts unternommen worden. Tagsüber haben wir uns dann am Reiseziel vergnügt und sind dann wieder nachts nach Hanau zurückgekehrt. So habe ich als junger Bursche das Allgäu, den Bodensee und auch Hamburg kennen gelernt.

Selbst als Lehrling konnte ich als Sohn eines Eisenbahners günstig am Wochenende meine erste große Liebe Elke K. in Wiesbaden besuchen. Wir hatten uns während der

Lehrlingsausbildung beim Latscha in der betrieblichen Bildungsstätte in Dorfweil im Taunus kennen und lieben gelernt. Mit der „Pfennigkarte“ ging es Sonntagsmorgens für 1,80 DM mit dem Wien-Holland-Express zu der schönen Rothaarigen nach Wiesbaden. Abends fuhr ich dann aber leider wieder mit viel Sehnsucht im Herzen und Schmetterlingen im Bauch zurück nach Hause. Der Tag ging leider rasend schnell vorbei.

Die Bahnromantik änderte sich schlagartig, als mein Opa aus der Karl-Marx-Straße Anfang der 70er einen neuen Audi kaufte und seinen alten gelben DKW 3=6 mit Sachsomat an unseren Vater abtrat. Das war für uns alle Freiheit pur. Aus war es mit den gemütlichen Schienenbusfahrten nach Michelstadt zu den Großeltern. Wir konnten jetzt überall hin – wann und wo auch immer. Jetzt eröffneten sich uns Kindern auch der Spessart, die Rhön und das übrige Hessenland. Gemütlich im Fond sitzend, wie die Grafen Koks, sind wir Buben mit unseren Eltern in dem Zweitaktautochen mit viel rrrrännndädädädä durch die Gegend geschaukelt. Was hinten aus dem Auspuff kam hat seinerzeit wenige interessiert, es hat ganz ordentlich aus unserem Auto hinten raus geraucht. Nach der Wende 1989, als die kleinen Trabbis uns Wessis überrollt haben, ist mir wieder dieser vertraute Duft der Autoabgase aus der Vergangenheit in die Nase gestiegen und hat Erinnerungen geweckt.

Mit einem eigenen Auto waren jetzt sogar Großeinkäufe in

Opas alter DKW hat unserer Familie noch gute Dienste erwiesen.

Dörnigheim beim Wertkauf und Massa kein Problem mehr. Den Shuttle-Service mit einem kostenlosen Bus vom Freiheitsplatz zu den Märkten auf der grünen Wiese, brauchten wir jetzt nicht mehr. Selbst die Ernte aus dem Garten konnte bequem und komfortabel von der Frankfurter Landstraße in die Lamboystraße transportiert werden.

Aber leider ging auch ständig mal was kaputt und so schrumpfte die gewonnene freie Zeit schnell wieder dahin. So manches Wochenende haben mein Vater und ich manchmal auch in der Buswerkstatt der Bundesbahn verbracht. Ölwechsel, Roststellen entfernen, Unterbodenschutz aufbringen und alle sonstigen Pflegearbeiten rund ums Auto wurden hier erledigt. Die Kollegenschaft meines Vaters stand gerne mit Ra(d)t und Tat bereit. In dieser Zeit habe ich viel gelernt. Bremsbelege auf die Bremsbacken nieten – aber bitte vorher mit der Drahtbürste reinigen und die Kupferpaste nicht vergessen, Zündkerzen wechseln, Handbremsseil spannen und vieles mehr haben meinen technischen Horizont erweitert. Als ein möglicher Ersatzteile- und Organspender hat ein alter, nicht mehr fahrbereiter schwarzer DKW gedient, den mein Vater von einem Nachbarn für 50 Mark abgekauft hatte.

Auf dem abgeschlossenen Gelände der Bahn in der Brüder-Grimm-Straße habe ich dann als heranwachsender Knabe das Autofahren gelernt. War ja ganz einfach mit einer Halbautomatik –

Ausflug in Taunus und Spessart, wo die Bahn nicht hinkam.

An dem Autochen gab es sehr oft was zu schrauben.

ohne beim Schalten eine Kupplung treten zu müssen. Vorsichtig durch die Busreihen hoch und runter zu fahren, ganz alleine und selbstständig, hat mir als junger Hüpfer sehr viel Spaß gemacht.

Bei einer Urlaubsfahrt nach Eckernförde ist dann leider beim DKWchen die Kurbelwelle im Motor hinter der Kupplung abgerissen. Der Motor lief noch einwandfrei, aber die Räder drehten sich nicht mehr. Kapitaler Motorschaden. Von der Autobahn bei Hildesheim musste unser Auto auf einen Schrottplatz geschleppt und erst einmal abgestellt werden. Die Urlaubsreise haben wir dann mit allem Krempel, den wir sorgsam im Auto überall verstaut hatten, mit dem Zug an die Ostsee fortsetzen müssen.

Nach langem hin und her und sparsamster Urlaubsabwicklung sind wir auf dem Rückweg wieder in Hildesheim gelandet. Auf dem Autohof konnten wir für den DKW einen gebrauchten Motor kaufen, den wir dann mühsam selbst in unser Auto eingebaut haben. Alter Motor raus, gebrauchter Motor rein – einen ganzen Tag Arbeit. Wir haben ausgesehen wie die Schweine. Ölverschmiert bis über die Ohren haben wir aber unser Wägelchen wieder zum Leben erweckt. Da war die Freude aller riesengroß. Ganz vorsichtig sind wir wieder glücklich von Hildesheim nach Hanau getuckert, dieses Mal sogar mit einem leiseren Viertaktmotor.

Ausflug mit Oma und Opa mit Picknick im Grünen

Erstaunlich, oder? Autos waren damals einfach, ohne elektronischem Schnickschnack und daher erschwinglich.

Wenn ich mal auf der A 7 gen Norden unterwegs bin, fahre ich heute noch ganz andächtig an der Pannenstelle vorbei. Dieses Erlebnis ist doch noch sehr präsent in meinen grauen Zellen. Den Spaß am Autofahren habe ich bis heute nicht verloren und ich denke gerne an den alten gelben runden DKW-Lehrmeister mit seinem Vorderradantrieb und der Halbautomatik zurück. Ich erwische mich manchmal selber dabei, wie ich im Internet nach so einem bezahlbaren DKW-Oldtimer suche.

13

Kesselstadt

Mainabwärts, im Westen von Hanau, gibt es den Stadtteil Kesselstadt. 1907 wurde Kesselstadt nach Hanau eingemeindet. Hier lebte mein Urgroßvater, anfangs auch die Eltern meiner Mutter und Tante Elfriede, eine Schwägerin meines Opas.

Mit dem Bus bin ich gerne mit meiner Mutter zu Besuch der Verwandtschaft in diesen damals noch ländlich geprägten Stadtteil gefahren. In dieser Zeit hatte ja nicht jede Familie ein Telefon. Um eine entsprechende Familienkommunikation aufrecht zu erhalten, hat man sich öfter gegenseitig besucht oder sogar Briefe geschrieben. Unsere Mutter hat daher regelmäßig ihre

Eltern und Tante Elfriede, die zusammen mit ihrem Sohn Herrmann und dem Urgroßvater in dessen großem Mietshaus in der Feldstraße lebte, besucht.

Von der Lamboystraße ging es mit dem Bus der Linie 2 zum Freiheitsplatz. Dort sind wir in die Linie 1 umgestiegen und bis zur Haltestelle Kronprinzenstraße in die Kastanienallee gefahren. Die Fahrt mit dem 1er-Bus habe ich sehr genossen. Wenn möglich, habe ich ganz vorne im Bus gesessen, um durch die große Windschutzscheibe schauen zu können. Wenn der Bus an der Pumpstation vorbei und dann die Bahnschranken am Westbahnhof passiert hatte, fährt man noch heute auf der Philippsruher-Allee auf das große, prächtige Schlosstor, des direkt am Main gelegenen Schlosses Philippsruhe mit seiner Parkanlage, zu. Die Straße führt auf der linken Seite am Main und auf der anderen Seite an gepflegten Vorstadthäusern und über die Kinzig, die hier auch gleich in den Main mündet, vorbei.

In Kesselstadt angekommen, hat Tante Elfriede mir zwei Mark zum Einkaufen von Kaffeestückchen gegeben. Die Straße runter war der Bäcker an der Reinhardskirche. Hier gab es für das Geld ganze 10 feine Gebäckstückchen. Ich habe sie selber aussuchen dürfen. Die waren ganz besonders lecker und eine willkommene Abwechslung zu dem selbstgebackenen Kuchen, den es sonntags daheim von Muttern gab. Leckere Blätterteig-Stückchen gab es für uns lange Zeit nur hier in Kesselstadt zu essen.

Für mich war ein Besuch der „Kesselstädter“ ein Erlebnis. Hier durften wir alleine ungestört überall rumstromern. Ganz Kesselstadt war unser. Von der Bleichwiese über den alten und trockengelegten Mainarm, bis hin zur Alten Schule, kannten wir uns bestens aus. Die alten Scheunen, Holzlagerhallen und Hinterhöfe haben uns zum Spielen und Toben mit den anderen Kindern eingeladen.

Uropa Schien hatte auf seinem Anwesen im Hof einen Spenglereibetrieb. In einer alten Scheune, die als Materiallager diente, hing sogar ein altes kaputtes Holzkanu oben im Gebälk. Das hat natürlich unsere Phantasie angeregt. Die fremden Maschinen, Materialien und Werkzeuge in Uropas Werkstatt haben uns magisch angezogen. Die Gesellen hatten manchmal ihren Schaff uns Kinder von den teils gefährlichen Maschinen fernzuhalten. Im Büro gab es eine alte schwarze Adler-Schreibmaschine, auf der ich einiges produziert habe, wie Karten, Kinderdokumente und Ausweise – na alles eben, was Kinder halt so brauchen. In den Räumen der Spenglerei gab es immer was Neues zu entdecken.

Es gab im Hof auch ein separates Wasch- und sogar ein Badehaus, dass sich der Uropa eingerichtet und genutzt hatte. Das Badewasser musste in einem riesigen Boiler mit Holz oder Kohle erwärmt werden. Das Feuer hat den ganzen Anbau mollig warm gemacht und sicher an einem kalten Wintertag eine

Blick in die Feldstraße, rechts das Geschäft von Herrn Freitag

erholsame und gemütliche Atmosphäre geschaffen. Manchmal durften wir Buben die Wellnessoase auch mitbenutzen. Frisch gebadet und aufgeheizt, musste man dann allerdings auch den kalten Hof frierend zum Wohnhaus überqueren. Das waren zwar nur ein paar Meter, aber lediglich in ein großes Handtuch gewickelt, war die gefühlte Temperatur beim Nullpunkt.

In diesem Hanauer Stadtteil gab es noch einige Bauernhöfe mit entsprechender Landwirtschaft. In der Feldstraße hat Herr Freitag, neben einem Fahrradgeschäft, noch eine Hufschmiede betrieben. Das war für uns Kinder natürlich eine Sensation, wenn hier die Rösser aus Kesselstadt beschlagen wurden. Die glühende Esse und der gleichmäßige Klang des Schmiedehammers auf dem Ambos haben uns Kinder immer wieder angelockt. So etwas gab es im Lamboyviertel nicht. Ich sehe heute noch die mächtigen Kaltblüter mit ihrem ausgeglichenen Temperament vor mir, als sie gemütlich die Feldstraße entlang zur Schmiede geführt wurden.

Unser Uropa hatte seinen Stammplatz in einem groooßen Ohrensessel in der Wohnküche gehabt. Dort hat er am liebsten gesessen, dicke Zigarren geraucht und die Zeitung gelesen. Um den alten Herren gab es meist eine undurchdringliche Rauchwolke. Auf mich hat das einen sehr gemütlichen Eindruck gemacht. Manchmal hatte Uropa uns Jungs ganze fünf Pfennige zugesteckt. Die haben wir gleich in das kleine Tabaklädchen von

Uropa Schien aus Kesselstadt mit mir, seinem Urenkel

Frau Schirle vorne in der Feldstraße, an der Ecke zur Kastanienallee, in Himbeerbonbons umgesetzt. Die gab es aus einem großen Glas – fünf Stück in ein kleines Papiertütchen, welch ungewohnte Köstlichkeiten. Die Handelsgold-Zigarren für den Uropa gab es in diesem Lädchen ebenfalls.

Ich erinnere mich noch, dass wir im Herbst mit Vater die abgeernteten Kartoffelfelder rund um Kesselstadt – mit der Erlaubnis des jeweiligen Bauern – „abgestoppelt" haben. Es gab da noch den einen oder anderen Zentner mit den Händen aus dem Boden zu lesen. In gebückter Haltung habe ich hierbei mitgeholfen, denn in unserer hölzernen Kartoffelschütte im Keller der Lamboystraße hat es genug Patz für die „Krumbeern" gegeben. Im Herbst wurden jedes Jahr so um die vier Zentner eingekellert. Aus der Wetterau sind die Bauern mit Bulldock und Anhänger durch Hanau gezockelt und haben ihre Kartoffelernte den Verbrauchern direkt angeboten. Unsere Familie hat die Menge auch bis zum April verputzt. Und wer musste die Knollen aus dem Keller hoch holen: natürlich wir Jungs. 80 Stufen plus die in den Keller runter und mit dem Eimerchen voll wieder rauf.

In der nahe gelegenen Kastanienallee – in dieser Straße bin ich im Mai 1953 auch geboren – haben wir im Oktober Kastanien gesammelt und daraus nette Figuren gebastelt. Ob die Omas und Opas sich wirklich so an unseren sonderbaren Kunstwerken erfreut haben, bezweifele ich heute ein wenig. Die

Kastanienmännchen haben im Herbst und Winter unser Zuhause solange verziert bis sie schrumpelig geworden und dann in den Ofen gewandert sind.

1996/97 habe ich wieder einmal in Hanau gewohnt. Als Wohnviertel habe ich mir natürlich Kesselstadt ausgesucht und in der Bienenstraße ein kleines Apartment bezogen.

14

Unsere Jungschar

Um der Mutter Sonntagmorgens aus den Füßen zu sein, wurden wir Jungs so mit 8 Jahren in den Kindergottesdienst in die evangelische Kreuzkirche (24) geschickt. Damals gab es den schicken roten Backsteinbau in der Karl-Marx-Straße noch nicht. Der Gottesdienst wurde im Gemeindehaus, das sogar ein Glöckchen mitten auf dem Dach hatte, von Pfarrer Buschbeck zelebriert. Im Gemeindehaus war ebenfalls unser Kindergarten untergebracht, den ich eine Zeit lang als Knirps besuchen musste. An diese Zeit erinnere ich mich leider nicht mehr so genau – nur, dass ich als mich Mutter hier abgeliefert hat, hier nie bleiben wollte und Rotz und Wasser am Tor geheult habe. Die

Bemühungen der Gemeindeschwestern halfen nicht mich zu beruhigen.

Der Kindergottesdienst hat nach dem der „Großen“ stattgefunden. Hier wurden wir auf die evangelische Jugendarbeit unserer Gemeinde aufmerksam. So haben wir erfahren, dass sich eine Jungschargruppe jeden Mittwochnachmittag in den Räumen der Kreuzkirchengemeinde getroffen hat. Unter der Leitung von Herrn Friedrich (Fritz) Gärtner wurden Jungs zur christlichen Erziehung und Freizeitgestaltung betreut. Da sind mein Bruder und ich dann auch mal hingegangen um zu sehen, was hier so abging.

Aufgeteilt wurden wir in verschiedene Altersgruppen. In der Gruppenstunde gab es sehr strenge Rituale, die unbedingt eingehalten werden mussten. Mit dem Slogan „mutig voran“, haben wir in einer Art Selbstmotivation dieses Freizeitangebot angenommen. Erst wurde vom strengen Herrn Gärtner, der sehr autoritär auf mich wirkte, das Wort Gottes verkündet. Anschließend wurde gesungen. Aus dem grünen Liederheftchen mit dem Ankerkreuz wurden uns fromme und bekannte Volkslieder „abgepresst“. Damals waren wir Jungs auch schon cool und wenig an Muse und Gesang interessiert. Darum haben wir die Liedertexte oft nach eigenen Vorstellungen umgestaltet. Zum Beispiel haben wir „Hoch auf dem gelben Wagen“ bei der Stelle *„hinter den Fensterscheiben lacht ein Gesicht so hold“* – „*...lacht ein Gesicht aus Holz*“ lauthals raus geschmettert und uns

Gemeindehaus der Kreuzkirchengemeinde (24) mit Glöckchen
in der Karl-Marx-Straße

Hier wurde auch der Gottesdienst abgehalten.

dabei kaputt gelacht. Solche Aktionen fanden wir alle beim Singen recht lustig und unterhaltsam.

Eine „Gabe“ von 50 Pfennig wurde zu den wöchentlichen Gruppenstunden gerne gesehen und von Herrn Gärtner eingesammelt. Hiervon sollten für die Jungschar neue Spiele oder Veranstaltungen bezahlt werden. Aber auch bedürftige Jugendliche haben Unterstützung von diesem Geld erhalten. Einige Jungs haben nichts abgeben können. Teils, weil die Eltern nichts zusätzlich zum Taschengeld rausgerückt haben, oder das Wasserhäuschen an der Ecke mit seinen Angeboten vorher das Geld aus den Taschen der Jungs gezogen hat.

Waren diese Rituale erledigt, ging es zu Spaß und Spiel über. Jetzt konnte zur Belohnung der vorangegangenen Aktivitäten, so denn diese auch zur Zufriedenheit von Herrn Gärtner abgelaufen waren, Tischtennis, Billard, Federball, Boccia oder auch mal Kricket auf der grünen Wiese im Gemeindegarten (24) gespielt werden. Für so manchen aus der Jugendgruppe war dies ja die eigentliche Motivation hier überhaupt anwesend zu sein. Das Spieleangebot und Spielzeug, das es in der Jungschar gab, war außergewöhnlich und keiner von uns hatte ähnliches zuhause. Herr Gärtner wurde bei der Gruppenarbeit von Eberhard unterstützt, einem älteren Jungen, so um die 17 Jahre alt. Der ging sogar aufs Gymnasium – sehr ungewöhnlich für unsere

Emblem und Erkennungszeichen der Jungschar:
das Ankerkreuz…

… und unser grünes Liederheftchen

Gegend. Er war von allen akzeptiert, sehr belesen, nett und hatte stets ein Ohr für uns Pubertierende.

Einmal gab es in der Adventszeit eine Waldweihnacht. Im Wald von Wilhelmsbad, gleich hinter dem Stadion am Bahnhof, haben fleißige Helfer von Herrn Gärtner einen geeigneten Tannenbaum ausgesucht und mit echten Wachskerzen geschmückt. Wir sind gemeinsam abends mit dem Bus aus dem Lamboy hierhin gepilgert. Im Schein der Kerzen haben wir die Geschichte von der Geburt Jesus gehört, Lieder zur Gitarre gesungen und heißen Tee getrunken. Irgendjemand hatte noch ein paar Weihnachtsplätzchen dabei, die wurden auch alle verdrückt. Gerne erinnere ich mich noch heute an dieses romantische Ereignis.

In den Sommerferien sind vom CVJM Jugendfreizeiten für uns Buben angeboten worden. Damit unsere Eltern mal Ruhe vor uns Rabauken haben konnten, durften mein Bruder und ich auch teilnehmen. Außerdem war es sicher eine preiswerte Möglichkeit uns Stadtkindern etwas Abwechslung zu bieten. Ich weiß leider nicht mehr an welchen Orten diese abgehalten wurden, erinnere mich nur noch, dass wir rund um die Uhr beschäftigt worden sind. Morgens mit einer christlichen Tageslosung am großen Lagerkreuz ausgestattet, wurde den ganzen Tag viel geboten.

Jugendfreizeit mit der Jungschar in den Sommerferien

Die Großen haben auf die Kleinen aufgepasst, die Erwachsenen auf die Großen. Wir haben so Jungs aus dem ganzen Rhein-Maingebiet kennenlernen und beschnuppern dürfen. Einmal war auch ein behinderter Junge aus Burgholzhausen dabei mit dem ich mich angefreundet hatte. Kein Mensch wusste damals von uns Hanauern, wo der eigentlich her kam. Heute ist Burgholzhausen (ein Stadtteil von Friedrichsdorf) über die hessischen Grenzen hinaus durch den Kabarettist Maddin Schneider doch sehr bekannt geworden.

Es gab viel dünnen ungezuckerten Pfefferminz– und Früchtetee aus großen Blechkannen zu jeder Tageszeit und auch nachts. Die sonstige Verpflegung war entsprechend; morgens Marmeladebrote, mittags meist Eintöpfe und abends Brot mit Aufschnitt oder Käse. Das hing uns zwar schon nach ein paar Tagen aus dem Hals, spielte aber dann doch keine Rolle mehr. Küchendienste, Reinigungsarbeiten und sonstige Ordnungstätigkeiten wurden einvernehmlich organisiert und ausgeführt – da musste jeder einmal ran.

In diesen Sommerfreizeiten waren Bogenschießen und der Umgang mit dem Luftgewehr dann so mein Ding. Schnitzeljagd, Wandern und Schwimmen haben uns Stadtkindern in und an der frischen Luft gehalten. Das war dem einen und anderen jedoch meist lieber als die christliche Erziehung, die wir hier so nebenbei genossen haben. Es wurde aber auch zur Kräftigung der Lungen

Konfirmanden Jahrgang 1967 der Kreuzkirchengemeinde Hanau

Mein Bruder ist der vierte von rechts in der oberen Reihe, links oben der Zweite, dass bin ich.

viel an der frischen Luft gesungen. Wichtig war vor allem die Gemeinschaft: Mutig voran - Alle für Einen und Einer für Alle.

Verantwortung in der Jugendarbeit der Jungschar zu übernehmen sind uns älter werdenden Jungendlichen ebenso vermittelt worden. Weil es mir Spaß gemacht hatte, habe ich später übers Wochenende an so manchem Helferkurs bei dieser Jugendorganisation mit Übernachtung in Oberursel teilgenommen. Die Herausforderungen und die Anerkennung in der Gruppe haben mir gut getan. Dieser Umstand hat sehr zu meiner persönlichen, ethischen Einstellung und sozialen Kompetenz beigetragen. Ich bin heute dankbar und froh für diese Erfahrung.

Im neuen Kirchengebäude (24) der Kreuzkirche bin ich mit meinem ein Jahr älteren Bruder gemeinsam am 28. Mai 1967 von Pfarrer Liebetrau konfirmiert worden. Das gab für die Familie nur einen Aufwasch mit der Feierei und hat so Kosten gespart. Mangels Masse zwischen Daumen und Zeigefinger hat keiner von den Söhnen unserer Eltern seine eigene Feier bekommen. Praktisch und sparsam veranlagt war unsere Familie schon immer. Schade!

Bei dieser Gelegenheit haben mein Bruder und ich unseren ersten Anzug bekommen. Er bestand aus einer Schaffneruniform und wurde von Vater in der Kleiderkammer der Bahn in der Frankfurter Kaiserstraße für wenig Geld (und eine Nummer größer als erforderlich) organisiert. Viele arme „Polyesterchen“ mussten ihr Leben für den blauen Stoff lassen. Die goldenen Uniformknöpfe wurden von Mutter kurzerhand durch Neutrale ersetzt. Modisch nach dem letzten Schrei ausgestattet, war auch ich so für Kirche, Gemeinde und Verwandtschaft ein vorzeigbarer Konfirmand und das große Fest zum erwachsen werden konnte beginnen. Meinen Konfirmationsspruch:

Matthäus 6,33

Jesus Christus spricht: Euch muß es zuerst um Gottes Reich und um seine Gerechtigkeit gehen; dann wird euch alles andere dazugegeben.

hab ich damals mit 14 noch nicht so richtig verstehen können. Die von der Verwandtschaft erhaltenen Geldgeschenke zu diesem Anlass habe ich aber irgendwie damit verknüpft und gleich in ein goldfarbenes Bauer-Fahrrad investiert. Im Fahrradladen von Herrn Pohlmann in der Steinheimer Straße wurde dieses Prachtstück mit 3-Gang-Schaltung der Klein-Auheimer Fahrradbaukunst für 198,- DM gekauft. Ein Luxusrad mit eigenem Geld bezahlt! Weil das Konfirmationsgeld nicht ganz dafür ausgereicht hatte, habe ich den Rest von meinem roten Sparbuch bei der Stadtsparkasse abgehoben und drauf gelegt. Damals hab ich halt schon jeden Pfennig gerne auf die Sparkasse gebracht!

Den Glauben habe ich behalten – nur mit der Amtskirche und deren System habe ich heute so meine Problemchen.

15

Spielen im Lamboyviertel

Das ganze Viertel war unser Spielplatz. Nach den Hausaufgaben sind wir bei trockenem Wetter bis zur Dunkelheit, ohne Aufsicht und für uns selbst verantwortlich, draußen gewesen. Erstaunlicher Weise hat sich auch niemand ernsthaft verletzt. Angeregt von den damaligen Fernsehserien wie Ivanhoe, dem schwarzen Ritter und den Karl-May-Kinofilmen haben wir unsere Helden so gut es ging selber dargestellt und imitiert. So haben wir manchen spannenden Kampf persönlich erleben können.

Nach Ende der TV-Serie, die Anfang der 60er Jahre mit Roger Moore in der Rolle des Ivanhoe sonntags über die Mattscheibe flimmerte, waren die Kinder nicht mehr zu halten. Mit wildem Geschrei und Holzschwertern bewaffnet, wurden die Szenen aus der Glotze von uns nachgespielt.

Hinter unserem Haus – die Schwarzenbergstraße war links noch nicht bebaut – gab es eine Schutthalde einer kleinen Eisengießerei ㉕. Schlacke und Formsand sind hier abgekippt worden. Die Umzäunung war zum Glück schadhaft und wir konnten die Fläche als Spielplatz nutzen. Auf diesem Grundstück hat sich so manches selber angepflanzt, auch einige stattliche

Bäume gab es, die uns zum Klettern eingeladen haben. Als die Gießerei (25) stillgelegt worden ist, haben wir einen Weg in die Werkshalle ausfindig gemacht. Die Schaltung für die Laufkatze, ein kleiner Kran, der oben an der Decke durch die ganze Halle lief, funktionierte sogar noch. Das haben wir natürlich in alle Richtungen ausgenutzt.

In der Schwarzenbergstraße hinten rechts gab es das „Wäldche“, eine Ansammlung von ein paar hohen Bäumen hinter einer kleinen Schrebergartenanlage. Das Gelände links zwischen Schwarzenbergstraße und Gebeschusschule (12), war ebenso unser Tummelplatz. Das Grundstück mit den Kleingärten wurde irgendwann eingeebnet. Später entstand an dieser Stelle ein Sportplatz (10) für unsere angrenzende Schule. Hier sind wir natürlich gerne im Buschwerk rum gestromert, haben mit dem Flitzebogen und dem Zwackel geschossen und so manchen anderen Blödsinn verzapft.

Dann ist die linke Straßenseite der Schwarzenbergstraße mit neuen Wohnblocks bebaut worden. Dabei verschwand auch die kleine Fahrradwerkstatt von Herrn Philippi, als Herr Lückhardt sein Grundstück mit zwei modernen Wohnhäusern bebaute. Dahinter ist eine Garagenanlage errichtet worden und auch Herr Krotschek musste seinen kleinen Schreinereibetrieb aufgeben. Diese Rohbauten wurden natürlich zu unseren Spielplätzen erkoren, in denen man sich ordentlich verstecken konnte.

Jeder von uns hatte einen Klickerbeutel im Hosensack. Mit dem Schuhabsatz haben wir eine kleine Mulde in den harten Boden gedreht und dann mit viel Geschicklichkeit die Glaskugeln aus einer festgelegten Entfernung hinein geschnickt. Wer die meisten drin hatte, hat alle Kugeln aus dem Loch bekommen.

Comic-Heftchen tauschen war seinerzeit sehr angesagt und wurde regelmäßig im ganzen Viertel zelebriert. Die Heftchentüte hatte jeder schnell griffbereit und es hat sich immer einer zum Tauschen gefunden. Ich hatte meine Heftchen im Kellerversteck – in einer Nische hinter einer alten Holztür – schnell zur Hand. So hatte ich ständig neuen spannenden Lesestoff. Auch Spielsachen sind gerne unter uns Kindern getauscht worden. Sehr zum Leidwesen der Eltern, die den Verbleib teurer Spielsachen oft nicht nachvollziehen konnten.

Ja, es stimmt! Wir haben unsere Drachen noch selber gebaut und nicht im Supermarkt kaufen können. Mit dünnen Holzleisten, buntem Pergamentpapier, Kordel und Uhu haben wir im Herbst die Dinger gebaut und in die Luft steigen lassen. Als Schwanz diente eine mit Papierschleifen versehene Schnur. Die passenden dünnen Holzleistchen zu bekommen war recht schwierig. Das Fliegen hat nicht immer so gut geklappt, uns aber trotzdem viel Spaß gemacht. Wenn so ein Papierdrache mal abgestürzt ist, war

In einer alten Socke mit dabei – unsere Klicker aus Glas

Papierdrachen – im Herbst von uns selber gebaut

Die feinen Holzleistchen mussten wir uns bei den Tischlern erbetteln, heute gibt es so etwas massenhaft im Baumarkt.

er auch meistens hin. Hatten wir es einmal geschafft, so eine Selbstkonstruktion in die Luft zu bringen, haben wir kleine Papierstückchen an der Drachenschnur als Briefchen hoch zum Drachen geschickt.

Eine eigene Uhr hatten wir Jungs nicht – wäre auch damals für einen Ritter oder Cowboy recht uncool gewesen. Wenn es Zeit zum Heimgehen war, hat unsere Mutter ein Geschirrtuch draußen neben das Küchenfenster im vierten Stock unserer Wohnung gehängt. Das war so ziemlich von überall recht gut sichtbar und für uns das Signal zum Abbruch unserer spielerischen Aktivitäten draußen im Freien.

Spannend war es für uns auch im Lamboywald ⑥. Abends war in der Gegend der Hanauer Straßenstrich für die armen Mädchen, die kein oder nur ganz kleine Höschen überm Hintern hatten. Das Waldstück ist nachts als Rückzugsgebiet für die käufliche Liebe genutzt worden. Über die eine oder andere benutzte „Lümmeltüte" haben wir uns zwar gewundert, aber nix dabei gedacht. Wenn das Waldstück mal nicht gerade für ein Manöver der Amis genutzt und gesperrt wurde, spielten wir hier sehr gerne.

Das Gelände im „Lambewald" ⑥ war von den Panzern recht mitgenommen und ähnelte hier und da schon mal einer Mondlandschaft. Das war uns ganz recht so. Das eine oder

Ein Geschirrtuch am Küchenfenster war das Zeichen unser Spiel zu beenden und heim zu kommen.

(1)

andere Mal sind wir von Soldaten, die sich im Unterholz versteckt hatten, böse erschreckt worden. Die haben sich dann kaputtgelacht und uns aus ihrem Verpflegungspaket mit fremden Amileckereien entschädigt. Feine Erdnussbutter (hmm, lecker), Brot aus Dosen und Kaugummi haben wir so abgestaubt. Der angrenzende Schießstand (18) hat uns natürlich ebenfalls angezogen. Im Sand, da wo die Schützen lagen, haben wir leere und auch manchmal scharfe Munitionshülsen gefunden. Da das Gelände nicht abgeriegelt war, scherte sich um uns kein Ami oder sonst ein Mensch.

Die Bruchwiesen (20) waren ebenfalls von uns gut erreichbar. Wer kein Fahrrad hatte, ist halt zu Fuß hierhergekommen. Hier habe ich mit meinem Onkel Karl-Bernd einen „Kleinen Uhu" fliegen lassen. Das Holzflugzeug haben wir gemeinsam in den herbst- und winterlichen Abenden gebaut. Aus Balsaholz, Pergamentpapier und Spannlack wurde der Himmelsstürmer damals mit viel Geduld und Geschick gefertigt. Eine Sensation und Spannung seinerzeit schlechthin. Mein Onkel hatte eine lange Gummischnur organisiert. Die wurde im Frühjahr in den Bruchwiesen mit einem Pflock in den Boden gerammt und diente als Katapult für den Flieger. Wir mussten ganz schön rennen, um den Flieger wieder zu holen, denn eine Fernsteuerung hatte das Teil nicht. Action an der frischen Luft pur!

Meinen „kleinen Uhu“ habe ich zusammen mit Onkel Karl-Bernd gebaut und auf der Bruchwiese ⑳ zum fliegen gebracht.

Heute gibt es die Bruchwiesen (20) nicht mehr! Dieses schöne Biotop ist ohne Bürgerprotest, Sitzblockaden oder juristische Zänkerei einem Industriegebiet gewichen. Auf dem einst üppigen Wiesengelände kann man jetzt den Hanauer Stadtmetzger, das Druck- und Verlagshaus, diverse Autohäuser usw. finden.

Im Winter haben wir verbotener Weise zum Schlittern die Abfahrt zu den Lückhardtschen Garagen in der Schwarzenbergstraße mit Wasser bespritzt und so die Fläche spiegelglatt präpariert. So hatten wir Kinder unseren winterlichen Spaß und die Garagennutzer morgens ihre Last die Auffahrt hochzukommen. Zum Schlittenfahren sind wir gerne ohne Aufsicht in den Schlossgarten (26) gegangen. Von einem kleinen Hügel ging es dann mit einem Affenzahn nach unten Richtung Schlossgraben. Dabei hat sich auch so manches Kumpelchen blaue Flecken und den einen oder anderen gebrochenen Knochen geholt. Wintersport konnten die Flachlandhanauer damals auch auf den zugefrorenen Kaiserteichen zwischen der Kinzig und Kesselstadt mit Schlittschuhen ausüben. Die Stadtverwaltung hat dafür extra ein Überschwemmungsgebiet als Eislauffläche präpariert.

Im Lückhardtschen Häuserblock haben damals zwei behinderte junge Frauen gelebt. Ute und Gisela waren etwas wirr im Kopf und wir haben in unserer Unwissenheit so manchen üblen Spaß mit ihnen getrieben. Uns hat allerdings auch keiner erklärt, warum die Mädels so waren und warum ihnen unsere „Scherze" wehtaten! Leider! Heute schäme ich mich sehr dafür.

Spannend war auch die Silvesterzeit. Überall im Viertel schossen kleine Holzbuden aus dem Bürgersteig. Endlich konnten wir unser karges Taschengeld in Kettenkracher oder „Juddeförtz" umsetzen. Gerne habe ich die kleinen fliegenden Untertassen aus Alu für 25 Pfennig gehabt. Die sind ganz schön hoch geflogen und haben nicht einfach nur „bumm" gemacht. Die Amis waren die besten Kunden. Der Dollarkurs war traumhaft für diese Zeitgenossen. Für wenig US-Geld haben die GIs schon mal ne ganze Bude aufgekauft und es dann so richtig in unserem Viertel krachen lassen. Zwischen den Jahren wurde überall geballert!

Mein Schulfreund Wilfried St. hat im Apartmenthaus über dem Latscha rechts vor der Wilhelmsbrücke ⑤ gewohnt. Wilfried hatte damals schon ein Luftgewehr. Versteckt, wie Heckenschützen auf seinem kleinen Balkon, haben wir schon mal ein paar Fensterscheiben leer stehender Häuser in der Nachbarschaft kaputt geschossen. Gegenüber dem Nordbahnhof gab es in der Friedberger Straße einige Hausruinen, die zu solchen Späßen eingeladen haben. Heute undenkbar. Was früher dumme Jugendstreiche gewesen sind, wird heute strafrechtlich verfolgt.

In den großen Ferien mussten wir „Wunderknaben", die ja

angeblich immer etwas angestellt haben, möglichst irgendwie unter Aufsicht. Vater ging schaffen und Mutter hatte vier Putzstellen. Unsere Großeltern mütterlicherseits in Michelstadt haben einen von uns abwechselnd gerne für ein- zwei Wochen im Sommer aufgenommen.

Meinen Ferienteil im Odenwald habe ich, ohne Schulstress, Gartenarbeit und den täglichen rituellen Auseinandersetzungen mit meinem Bruder, sehr genossen. Oma Schien war sehr herzlich und großzügig, immer auf unser Wohl bedacht. Trotz ordentlichem Frühstück gab es außerdem regelmäßig um 11 Uhr eine gute Suppe mit Brötchen. Nach dem Mittagessen musste bei geschlossenen Klappläden ein Schläfchen gehalten werden. Einmal alleine im Mittelpunkt zu stehen hat mir sehr gefallen. Nach dem der Opa Anfang der 60er gestorben war, hat unsere Oma unsere Anwesenheit sicher auch genossen.

Die Großeltern hatten schon immer einen Hund. Im Odenwald habe ich mit Jockel oder Mecky schöne Ferientage verbracht. Die Vierbeiner waren uns gute Spielkameraden, mit denen man auch ausgedehnte Spaziergänge unternehmen konnte.

Die Kinder aus der Nachbarschaft haben uns Städter gerne aufgenommen und uns in ihre Banden integriert. Ganz Michelstadt kannte ich zu dieser Zeit wie meine Westentasche. Gerne besuche ich immer wieder das Städtchen im Odenwald, wo

Bei den Großeltern in den Ferien habe ich ganz Michelstadt kennen gelernt und fahre heute noch gerne hin.

die Uhren doch ein bisschen anders gehen. Schöne Erinnerungen begleiten mich dann. Ich besuche noch oft die Stelle auf dem Michelstädter Friedhof, an der mein Opa beigesetzt wurde, auch wenn es schon längst abgeräumt worden ist. Im Friedwald, auf der anderen Seite des Mümlingtals, sind ebenfalls Familienmitglieder beigesetzt.

Später haben wir uns in den Sommerferien tagelang im Hanauer Freibad (29) rum gedrückt. Ausgestattet mit einer Saisonkarte, Futter, Getränken und Einschmierzeug habe ich schon morgens mit meinem Fahrrad diese herrliche Freizeiteinrichtung in den Sommerferien aufgesucht. Meine Kumpels und ich hatten unseren Stammplatz hinter dem Nichtschwimmerbecken Richtung Kinzig.

Unser Vater und der Opa aus der Karl-Marx-Straße haben mich in den Ferien schon mal mit zur Arbeit genommen. Opa hat mit einem großen Büssing-Laster für die Holzhandlung Conrad Fuß in der Nürnberger Straße Holz aus der Umgebung nach Hanau und ins Hafenlager transportiert. Manchmal durfte ich in der schulfreien Zeit mit dem Opa zum Holzladen in die Rhön oder in den Spessart mitfahren. Von Oma gab es dann auch für mich entsprechende Vesper-Brote, dick mit so manchen Leckereien aus der Metzgerei belegt, mit. Die waren viiiiiel besser als die Marmeladebrote zu Hause.

Mein Vater hat im Laufe seines Berufslebens auch Laster

Transportsystem der DB „von Haus zu Haus“

Vater hatte so einen Laster und den Bahn-Bus hier gefahren und mich manchmal in den Ferien mit auf seinen Touren genommen.

gefahren. Für die Bahn im Nahverkehr hatte er „von-Haus-zu-Haus-Behälter“ zu Hanauer Firmen transportiert. Am Nordbahnhof wurden die kleinen Container von Eisenbahnwagen direkt auf einen Speziallaster verladen, ohne Kran, mit einer hydraulischen Zugtechnik. So wurden Bier für große Feste, Chemikalien zu einer Haarspray-Fabrik in die Körnerstraße, Kohlen zum Brennstoffhändler und sogar Spielzeug zum Hertie geliefert.

Später ist Vater dann Linienbus bei der Bahn gefahren. Wenn es die Zeit und Vater zugelassen haben, durfte ich auch manchmal am Freiheitsplatz zusteigen und mitfahren. Nach dem Motto „lerne deine Heimat kennen“, habe ich so das Umland bestens „erfahren“. Bei der Brotfabrik vor Aschaffenburg, die direkt an der Bahnbusstrecke lag, gab es öfters einmal das noch warme leckere Steinbacher Brot, frisch aus dem Fabrikofen zu kaufen.

Die Teilnahme am Berufsleben meiner „Altvorderen“ war eine schöne Abwechslung zu dem sonst kindlichen Alltag im Lamboyviertel. Das Erlebte wurde mit den Freunden aus der Schule ausgetauscht und so gab es immer etwas zu erzählen. Einige der Kumpels wussten gar nicht so richtig, mit was und wie ihre Väter so ihr Geld verdienten.

16

Feste feiern

Jedes Jahr im September wurde und wird im und am Schloss Philippsruhe in Kesselstadt das Bürgerfest gefeiert. Direkt im Schlosspark am Main gelegen, entstand 1958 auf Initiative des damaligen Hanauer Oberbürgermeisters Heinrich Fischer, dieses Volksfest. Es soll an die Aufbauleistung der Hanauer Bürgerinnen und Bürger nach dem Zweiten Weltkrieg erinnern. Die Hanauer Stadtbusse wurden mit Fähnchen mit dem Hanauer Wappen und den Hessenfarben dekoriert, die Philippsruher-Allee beflaggt und ganz Kesselstadt wurde für dieses jährliche Ereignis rausgeputzt. Vom Freiheitsplatz haben Sonderbusse die vielen Besucher zum Festgelände an das Schloss Philippsruhe befördert.

Der traditionelle Festplatz war bis in die neunziger Jahre der Schlosspark, in dem die Zelte der Hanauer Vereine aufgebaut wurden. Für uns Kinder und Jugendliche eine willkommene Abwechslung. Mit Lampions bewaffnet haben die Kinder, wenn es finster geworden ist, den ganzen Park beleuchtet. Damit es nicht ganz so dunkel wurde, haben die Eltern für entsprechenden Kerzenersatz gesorgt. Jeder Hanauer Verein war vertreten und hat sich in einem eigenen Zelt präsentiert. Fahrgeschäfte gab es aber keine. Es war damals ein Fest von Hanauer Bürgern für Bürger!

Das Fest fing freitags an und endete montags mit einem spektakulären Feuerwerk, das vor dem Schloss abgefeuert wurde. Alle Festbesucher mussten Eintritt zahlen und bekamen ein entsprechendes Abzeichen. Dieses war sehr begehrt und hatte unter uns Schülern einen gewissen Sammlerwert gehabt. Ob das heute noch so ist ...?

Für uns Kinder war der Höhepunkt der Ballonflugwettbewerb. Eine Postkarte mit unseren Namen und Adressen wurde an einen mit Gas gefüllten Luftballon befestigt. Alle Kinder haben auf Kommando die Ballons in den Himmel steigen lassen und gewartet bis sie verschwunden waren. Es standen attraktive Gewinne von renommierten Hanauer Firmen für die mitmachenden Kinder zur Verfügung. Es gab Gutscheine vom Spielzeugladen bis hin zu Schulsachen aus dem Schreibwarengeschäft. Mit Spannung wurde auf die mögliche Rücksendung der Postkarte gewartet, die dann zur Auswertung vorgelegt werden musste. Der Absender der Karte, die den weitesten Weg mit dem Ballon zurückgelegt hatte, war Gewinner. Ich hatte dabei nie Glück. Einmal kam meine Karte vom Bodensee zurück, aber andere Ballons sind noch weiter geflogen. Wegen erheblicher Schäden, die dabei jedes Jahr dem historischen denkmalgeschützten Park zugefügt wurden, ist das Festgelände verlegt worden. Das Bürgerfest wird ja seit einigen Jahren auf den Mainwiesen, nahe dem Schloss, gefeiert.

Ein prächtiges Feuerwerk beendete das Bürgerfest in Philippsruhe.

Alle Hanauer Volksfeste waren in den 50ern geprägt von den zahlreichen Vereinen und Organisationen, in denen sich das Volk aktiv beteiligt hat. In der Zeit ohne Fernsehen traf man sich, diskutierte, spielte und feierte gerne und ausgiebig zusammen. Ob Kleingärtner, Karnickelzüchter, Sportler, Trinkwasser-sparvereine oder Handarbeitsgruppen – alle machten mit, packten mit an und haben so einen wichtigen Beitrag zur kulturellen Vielfalt der Heimat geleistet. Die Begleitung eines Ehrenamtes in der Öffentlichkeit war tatsächlich eine Ehre.

Im Juni haben die Hanauer damals noch das Lamboyfest im Lambewald an der großen Einfallstraße am Stadtrand gefeiert. Der ganze Lamboywald ⑥ wurde als Festplatz hergerichtet. Schausteller mit Ihren Buden und Karussellen, Futter- und Getränkebuden und viel Musik hat nicht nur die Bewohner aus dem Lamboyviertel und die Amis angezogen. Mit dem Fest soll an die Befreiung der Festung Hanau gedacht werden. Hanau wurde neun Monate lang vom General Lamboy belagert. Die Truppen von Landgraf Wilhelm V haben im Juni 1636 Hanau befreit und den alten Lamboy zum Teufel gejagt.

Die Hanauer - Straßenbahn AG hat Sonderfahrten zu diesem jährlich stattfindenden Volksfest an den Stadtrand organisiert und alle Busse waren ebenfalls hübsch mit Fähnchen geschmückt. Von unserem Fenster aus, konnten wir damals die

Menschenmassen über die Lamboystraße zum Festplatz strömen sehen. Nachts gab es dann meistens ein entsprechendes Spektakel auf der Straße.

Für uns Kinder war das ganz spannend und abwechslungsreich. Für die Kleinen gab es einen Umzug mit Lampions zum „Lambewald" (6). Von den Großeltern hatte es Extrageld für solche Ereignisse gegeben. Schwer war für mich dann immer die Entscheidung, wo, wie und für was das Geld ausgegeben werden sollte. Es gab eine Vielzahl von begehrenswerten und interessanten Karussellangeboten. Aber für alle attraktiven Fahrgeschäfte – und dann gab's ja auch noch die Losverkäufer und Schießbuden – haben die zwei Extramark nicht gereicht.

Eine feste Institution an Fastnacht war früher der prächtige Umzug am Fastnachtsdienstag. Aufgestellt wurde der Faschingszug neben dem Hofbrauhaus Nicolay in der Hauptbahnhofstraße und in der Leipziger Straße. Von hieraus gingen die zahlreichen Zugnummern über die Nürnberger Straße im Zickzack durch die Innenstadt bis zum Westbahnhof ans Steinheimer Tor, wo er sich dann so langsam aufgelöst hat. Anschließend gab es eine Zugparty in der Stadthalle.

Aus dem ganzen Landkreis Hanau haben die Jecken den Zug mit herrlich aufwendigen Zugnummern und zahlreichen

Musikkapellen gestaltet. Auch die amerikanischen Soldaten haben musikalisch fleißig mitgewirkt. Alle Instrumente und die Uniformen wurden für den Auftritt in der Öffentlichkeit auf Hochglanz poliert. Beeindruckt haben mich die blütenweißen Handschuhe, die die Musiker getragen haben. Die amerikanischen Kapellen sind am liebsten hinter den Gardemädchen mit ihren kurzen Röckchen und den laaangen Beinen marschiert. Der hübsche Anblick der Funkenmariechen hat die Jungs sicher motiviert, im Gleichschritt bei den Hanauer Umzügen mitzumachen.

Von den Prunkwagen sind nicht nur ein paar langweilige Bonbons geflogen – nein, es gab damals sehr leckere. Auch die eine oder andere kleine Nettigkeit, wie mal ein Fläschchen Piccolo oder ein Schnäpschen wurden gereicht. Kleine Spielsachen für die Kinder, Negerküsse und Blumen haben die Narren am Straßenrand damals gerne entgegen genommen.

Für uns Kinder bedeutete das den puren Stress! Jeder wollte am meisten abstauben. Mit Plastiktüten ausgestattet ging es auf die Jagd. Die ganz Mutigen haben selbst durch die Beine der Pferde noch nach den Süßigkeiten gegriffen. Andere haben ihre Tüten gleich hoch zum Fastnachtswagen gehalten, um was zu ergattern. Um jedes Bonbon auf dem Boden wurde gerangelt.

Als kleiner Junge haben mich die prächtigen Brauereiwagen sehr beeindruckt. Sechs oder acht stämmige Kaltblüter haben die schweren Wagen mühelos gezogen. Damals hatte sich fast jede Brauerei ein eigenes Pferdegespann gehalten. Allein in Frankfurt gab es damals drei Brauereien und in Hanau ja unsere „Nicolay".

1963 fand in Hanau der 3. Hessentag statt. Auch für dieses Ereignis hatte sich die Stadt ordentlich rausgeputzt. Der Hessentag wurde 1961 durch den damaligen hessischen Ministerpräsidenten Georg A. Zinn ins Leben gerufen. Ziel der Veranstaltung war zunächst, alteingesessene Hessen und Zuwanderer zusammenzubringen. Die zahlreichen Flüchtlinge und Heimatvertriebene aus dem Weltkrieg sollten so ein Gefühl für ihre neue Heimat bekommen. Der Hanauer Hessentag wurde zum Vorbild für viele andere Landesfeste in Deutschland.

Mit vielen öffentlichen Geldern ausgestattet hatte die Gastgeberstadt Hanau ganz Hessen eingeladen. Alle Hanauer Vereine haben zum Gelingen beigetragen und mitgewirkt. Die unterschiedlichen hessischen Regionen haben sich mit Trachten und Brauchtum vorgestellt. Höhepunkt war auch in Hanau der große Festumzug durch die ganze Stadt.

Wer erinnert sich noch an den Hanauer Festplatz (27) an der Kinzig? Im Frühjahr und Herbst haben hier die „Messen" (ei, uffem Dorf heest des Kerb) stattgefunden und der eine oder andere Zirkus hat hier regelmäßig gastiert. Der Besuch der „Messe" war für uns alle – Kinder und Jugendliche – ein Muss. Gokarts sind über Holzplanken gedonnert, Schiffschaukeln gab es noch mit Überschlag und mutige Kirmesbesucher konnten es mit Profiboxern aufnehmen. Gerne wurde „der Lukas“ gehauen und in einer Zentrifuge konnte man kunstvolle Bilder mit Farbe selber herstellen. Die Geisterbahn hatte zum Teil sogar lebende Horrorgestalten, die uns Besuchern gnadenlos bis ins Mark erschreckt haben. Meist waren am Ende von unserem Geld noch so viele Festtage übrig. Da musste sogar schon mal das „schwarze“ Rabattmarkenbuch geopfert werden. Immerhin gab es für ein volles Heftchen 1,50 DM!

Für mich ganz persönlich waren die Einladungen meiner Großeltern aus der Karl-Marx-Straße samstags abends zum Ebbelwoi in das benachbarte Mittelbuchen ein Fest. Oma und Opa hatten einen Stammtisch im Gasthaus „Adler“. Mit den Großeltern ging es mit Opas Auto in das damals noch eigenständige Dorf. Ich erinnere mich bei dieser ländlichen Kneipe noch an den Stall im Hof und den „Abtritt“ daneben. Samstags abends haben sich regelmäßig nette Leute aus Hanau und Umgebung getroffen. Ein Karosseriebauer, der seinen Betrieb in der Nordstraße hatte und ein Ingenieur der Fa. Dunlop, waren ebenfalls regelmäßige Gäste am Stammtisch. Es ging hier sehr gesellig zu. Opa hat gerne ein großes dickes Rumpsteak mit viel Zwiebeln zu sich genommen. Wenn ich ausnahmsweise mit zum „Adler“ durfte, habe ich auch so ein ausgefallenes köstliches

Fleischstück, das ich hier zum ersten Mal in meinem Leben genossen habe, bestellen dürfen. Für die Zeit damals und für uns waren Steaks was ganz besonderes, da recht teuer. Das gab es nur mit den Großeltern aus der Karl-Marx-Straße.!

17

Die Bulau und andere Wälder

Als Naherholungsgebiet diente uns ein ausgedehntes Waldgebiet im Osten – die Bulau [28]. Durch diesen riesigen Wald konnte man nach Rodenbach, Wolfgang und, an der Barbarossaquelle vorbei, bis Alzenau wandern oder Radfahren.

Sonntags, nach dem Mittagessen und dem anschließenden Geschirrspülen haben unsere Eltern darauf bestanden, bei schönem Wetter „spazieren" zu gehen. Nach dem Kinderfunk im Radio ging es los. Sie können sich sicher vorstellen, dass man als Kind und erst recht wir Knaben anderes vorhat, als mit den Altvorderen durch die Gegend zu dabben. Aber es half nichts! In geeignete Klamotten gesteckt und mit dem richtigen Schuhwerk mussten wir mit. So im Nachhinein betrachtet, war es ja doch ganz schön.

Von der Lamboystraße ging es durch den „Lambewald" ⑥ (hier wurde damals noch das originale Lamboyfest gefeiert) über die vielbefahrene Bundesstraße B8 in die Bulau ㉘. Man konnte die durch den Wald führende Kinzig nur auf der von amerikanischen Pionieren gebauten Holzbrücke Richtung Wolfgang überqueren.

Ein schönes Ziel zum Radeln war für uns damals auch die Barbarossa-Quelle kurz vor Alzenau. An der Quelle gab es eine kleine Modellmühle mit Wasserantrieb und kleinem Hammerwerk. Das hatte mir großen Spaß gemacht und war für mich Motivation genug, diese lange Radtour mitzumachen. Nach dem wir die Bulau durchquert hatten, ist man zur Samendarre mit anschließendem Forstamt gekommen. Vorher mussten aber noch die Bahnschienen, der nach Fulda führenden Strecke, an einem kleinen Bedarfsübergang überquert werden. Hier mussten wir uns über eine Klingelanlage beim Bahnpersonal melden und um das Öffnen der Schranke bitten.

Nach dem Überqueren der Rodenbacher Chaussee kann man heute noch Spuren vom Limes der Römer erkennen. Jetzt ist das hier alles schön hergerichtet und mit Infotafeln versehen. Früher gab es nur die Turmruine zu sehen und sonst nichts. Mit dem Rad ging es hier vorbei Richtung Alzenau.

Im Frühjahr haben wir in unserem Hauswald Schlüsselblumen

Bulau (28) – Naherholung einst und heute noch

und Maiglöckchen gesucht und gepflückt. Das gab schön gebundene hübsche Sträuße für die Omas und Tanten. Zu anderen Zeiten haben wir in unseren Wäldern Bucheckern, Kastanien, Tannenzapfen gesammelt. Sogar einmal eine uralte Handgranate haben wir heim geschleppt. Die Granate wurde den Behörden übergeben. Ein alter Bunker aus den Weltkriegen mitten im Wald hat unsere kindliche Phantasie ebenso angeregt, wie die verborgenen Hochsitze und verschlungenen Wildwechselpfade. Es war für uns Stadtkinder schon ein Erlebnis mal ein Reh oder anderes Wild mitten in der Natur zu sehen.

Als ich älter wurde, hat es mich im Sommer auch immer mal wieder zum Strandbad an den Krotzenburger See gezogen. Das war auch eine ganz schön anstrengende Radtour von der Lamboystraße bis dorthin. Immerhin ca. 11 km – einfach! Die sommerliche Hitze hat mich ganz schön schwitzen lassen. Der Weg ging durch Wolfgang, am Neuwirtshaus vorbei, hauptsächlich auf Radwegen die Bundesstraße 8 entlang. Egal: das bevorstehende Badevergnügen im kühlen Nass hat mich kräftig in die Pedale treten lassen.

Auch der Bruchköbeler Wald war immer mal wieder Ziel unserer Sonntagsausflüge mit den Eltern. Über die Bruchwiese, dem Fallbach und der vielbefahrenen Bundesstraße (19), hat man dieses ausgedehnte Waldgebiet erreicht. Mitten im Wald angekommen ging es geradeaus nach Bruchköbel, rechts zum

Mein Bruder und ich bei der Nachbildung des Niederwalddenkmals, das uns bei einem Familienausflug nach Rüdesheim sehr beeindruckt hat.

Fliegerhorst Langendiebach und links sogar bis nach Wilhelmsbad. Dazu musste man allerdings die damals schon viel befahrene B 45 überqueren.

Heute ist der schöne Wald durch die Autobahnen A66 und A45 geteilt und die Ruhe ist dahin. Früher hatten wir keine Stöpsel in den Ohren aus denen Musik kam, um den Verkehrslärm zu übertönen. Wir haben uns beim Wandern oder Radfahren noch miteinander unterhalten. Die Anforderungen an ein zeitgemäßes Erholungsgebiet mit Jogging-Parcours und Grillplätzen sind auch in den Resten der Bulau und der anderen Wälder rund um Hanau realisiert worden. Sehr zur Freude unserer Mitbürger mit Migrationshintergrund, die diese Einrichtungen in der freien Natur gerne bei schönem Wetter nutzen.

Umgeben von Wäldern im Osten und Norden, die das Grundwasser hoch hielten, war damals die Hanauer Wasserversorgung gesichert. Hanau war einmal sehr stolz auf seine eigenen Wasserquellen und seine vielen Brunnen, die überall im Wald zu finden waren. Ob das große Pumpwerk in der Burgallee heute noch betrieben wird, weiß ich nicht. Sehr anschaulich und nachhaltig vermittelte dies für mich Herr Behrens, unser Erdkundelehrer aus der Gebeschusschule [12].

Badespaß am Großkrotzenburger See

Zum Schluss

Eigentlich geht mir doch noch mehr im Kopf herum! Ich könnte sicher noch von der kaufmännischen Berufsschulzeit schreiben, von unserer Lehrerin Frau Prinz, dem Kollegen Bernhard, der im Fischgeschäft „Nordsee“ eine Lehrstelle bekommen hat und sich so gerne neben mich setzte. Das war geruchlich nicht immer ganz so angenehm. Oder vom Kollegen Reinhard P. aus Eichen, der mit Papas weißen Opel Admiral in die Schule kam und der mit uns nach Schulende mit dem PS-starken Dickschiff durch die Hanauer City cruiste.

Ich habe noch vage Erinnerungen an den Schnellimbiss im Hertie-Erdgeschoss, wo man eigentlich immer so jeden getroffen hat.

Kennt jemand noch den kleinen Heraeus-Pavillon an der Vorstadtbrücke, da wo der Milchweg abgeht? Hier haben seinerzeit bedürftige und kranke Kinder kostenlos Höhensonne vom Herrn Heraeus tanken können.

Erinnern sie sich noch an die „Gloria Lichtspiele“ am Westbahnhof vor den Bahnschranken beim Cafe-Schien? In dem Kino sind doch alle Karl-May-Filme mit Lex Barker und Pierre Brice gelaufen. 1972 hat die Bauhauskette ihre erste Hanauer Heimwerkerfiliale in diesem Gebäude aufgemacht und mein Schulkollege Bernd Sch. aus der Gabelsbergerstraße hatte hier einen Job gehabt. Als BWL-Student habe ich hier auch mal gejobbt. Hier ist ja jetzt auf dem 10500 Quadratmeter großen Areal das „Gloria-Palais“ als ehrgeiziges Bauvorhaben geplant.

Wer erinnert sich noch an die Veranstaltungen für die Jugend unserer Zeit in der Stadthalle, der weißen Villa in der Philippsruher-Allee und Willhelmsbad. Seinerzeit hatte der Hanauer Jugendclub dort live Rockkonzerte und Discos organisiert. Oder von der alten Villa in der Nordstraße bei der Tankstelle, wo es den ersten Joint gab. Aber meine Erinnerung ist in diesem Bereich lückenhaft und ich getrau mich nicht so richtig, hierzu etwas zu schreiben.

Auch über meinen Schülerjob bei der Albertis-Hofbuchhandlung gäbe es sicher mehr zu berichten. Einst erstes Haus am Platz, hat Albertis ganz Hanau und deren Firmen, Kanzleien und Behörden mit wissenschaftlichen und literarischen Druckerzeugnissen versorgt. Für 1,50 DM die Stunde habe ich gewissenhaft bei Wind und Wetter die Bücher und Fachzeitschriften ein- bis zweimal wöchentlich in ganz Hanau mit meinem goldenen Bauer-Fahrrad nachmittags ausgefahren. Die wöchentliche Zeitungsaustragerei (10 Pfennig pro Zeitung Verdienst!) mit Abkassieren der Merkur-Versicherungsbeiträge in unserem Viertel habe ich aus meinen Gedanken verdrängt. Es war nicht so lustig, den Leuten und ihrem Geld für ein paar Pfennig hinterher zu laufen. Das eingenommene Geld musste ordentlich abgerechnet und eingezahlt werden. Den

Job habe ich mir mit meinem Bruder geteilt und es gab ständig Zank, wer die unkomplizierten Abonnenten austragen durfte. Spaß hat das keinem von uns so richtig gemacht. Ich habe dabei das Lamboy und seine Bewohner noch besser kennen gelernt.

Die Fahrstunden 1971 zum Erwerb des Führerscheins auf dem großen Ford 17M einer Fahrschule im Salisweg, mit Unterrichtsräumen in der Nordstraße, sind mir allerdings gut in Erinnerung. Der Chef hatte eine nette Tochter, die ich in der Tanzstunde kennenlernen durfte und so waren die Fahrstunden mit einem Honorarfahrlehrer der Bundeswehr aus Kilianstädten an sich kein Thema. Autofahren konnte ich ja schon.

Hanau hat sich in der letzten Generation sehr stark verändert. Neue kleine Stadtteile sind hier und da entstanden. Da wo in der Bruchköbeler Landstraße einmal Klebstoff hergestellt wurde, kann man heute einkaufen, relaxen und wohnen. Da, wo einst schwere Panzer und sonstiges Militärzeug zwischen den Kasernen standen, kann man nun unter Bäumen im Grünen auf Parkbänken sitzend die Mittagspause verbringen. Sehr schön!

Es ist zwar interessant mal wieder in der Vergangenheit rumzustochern – aber auch die Gegenwart hat ihre eigenen Geschichten und wird irgendwann zur Vergangenheit. Es ist nun an der nächsten Generation, dies irgendwie mit Fotohandy und iPad über USB-Anschluss oder Bluetooth und vielleicht auf

Blick auf das einst militärisch genutzte Gelände im Lamboyviertel

Facebook oder was es bis dahin sonst noch so gibt, festzuhalten. Dann werden sich auch die danach Kommenden wundern, wie es früher so zuging.

Vielleicht regt mein Beitrag hier den einen oder anderen Leser dazu an, auch einmal etwas von früher aufzuschreiben oder alte Fotos rauszusuchen. Leider habe ich selbst nicht viele aus der beschriebenen Zeit gefunden.

Woran erinnern Sie sich noch? Nur Mut! Stauben sie die alte Speicherschreibmaschine mit dem Typenrad ab und spannen Papier ein oder klappen sie Ihren Laptop auf und fangen Sie an! Das, was jetzt von mir hier zu Papier gebracht worden ist, sind halt meine Erinnerungen aus der Jugend, an Hanau und das Lamboy …!

Danke

An meine Enkelkinder, die mich zum Aufschreiben der Erinnerungen angeregt und motiviert haben, meiner lieben Frau Marita, sie hat geduldig die vielen Änderungen immer und immer wieder Korrektur lesen müssen. Vielen Dank auch an ihren Sohn Timo, Marianne Kretschmer, Christine Holzapfel und Andrea Bugert, alle haben mit ihrer Zeit, mit ihrem Wissen und ihrem Rat mitgeholfen, das Büchlein besser zu machen.

Peter Engels, er veröffentlicht im Internet die Seite: „http://www.john-f-kennedy.de.tl/Die-Deutschland_Reise.htm“ und Herr Keller mit seiner Sammlung DB-Bilder, Frau Schneider-Bergheuer vom Medienzentrum Hanauer - Bildarchiv, das Hanauer Stadtarchiv, Wikipedia im Internet, das Büro der Kreuzkirche und viele Ungenannte haben mitgeholfen, meine Erinnerungen zu wecken. Sogar vom Schiffsmodellbau Club Hamburg e.V. gab es eine Bildfreigabe.

Leider hat das Büro der Gebeschusschule auf mehrere Anfragen zu einer aktiven Unterstützung nicht reagiert. Schade!

Die teilweise schlechte Bilderqualität bitte ich zu entschuldigen. Einige alte Fotos mussten aufwendig aufbereitet werden und die Technik hat dies teilweise nicht immer optimal geschafft.

Bildnachweis:

Seite:		Seite:	
6	Medienzentrum Hanau	102	Medienzentrum Hanau-Nagel Archiv / Medienzentrum Hanau
8	Privat / Privat	104	Medienzentrum Hanau
10	Privat	106	Medienzentrum Hanau
12	Privat	108	beide Privat
14	Privat	110	Privat
16	Privat / Privat	112	beide Medienzentrum Hanau
20	Internet	114	Privat
24	Medienzentrum Hanau	116	Stadtarchiv Hanau aus HA
26	Medienzentrum Hanau	118	Sammlung Internet
28	Privat	122	Privat
30	Privat	124	Internet: Wikipedia
32	Medienzentrum Hanau	128	beide Internet: Wikipedia
34	Medienzentrum Hanau-Nagel-Archiv / Privat	130	Privat / Privat
36	Medienzentrum Hanau / Privat	134	Internet: JFK in Deutschland
38	Medienzentrum Hanau / Medienzentrum Hanau-Nagel-Archiv	136	Medienzentrum Hanau
42	Medienzentrum Hanau	140	Roland Keller / Internet: Fa. Herpa
44	Medienzentrum Hanau / Medienzentrum Hanau	142	Roland Keller
48	Privat	144	Medienzentrum Hanau-Nagel-Archiv
50	Privat	146	Privat
54	Privat / Privat	154	Medienzentrum Hanau
60	Privat / Privat	158	Privat
62	Internet / Privat	160	Privat / Privat
64	Privat / Privat	162	Privat / Stadtarchiv Hanau aus HA
68	Medienzentrum Hanau	166	Medienzentrum Hanau
70	Internet: Reederei / Schiffsmodellbau Club Hamburg e.V.	168	Privat
74	Privat	172	Internet: Kreuzkirche-Hanau
76	Internet: HH	174	Internet: CVJM / Privat
78	Internet: Wikipedia	176	Privat
84	Privat	178	Privat
86	Privat	184	Internet / Internet
90	Privat	186	Privat
92	Privat / Privat	188	Internet: Fa. Graubner / Privat
94	Privat	192	Internet
98	Medienzentrum Hanau / Internet: Wikipedia	194	Internet: Wikipedia / Internet: Das Bahnbus Bildarchiv
100	Internet: BEKU Bildarchiv / Medienzentrum Hanau	198	Medienzentrum Hanau-Nagel Archiv
		206	Privat
		208	Privat
		210	DLRG Ronneburg e.V.
		214	Privat

Kartenmaterial aus 1963 am Anfang und am Ende: Magistrat der Stadt Hanau, Fachbereich Grundstücke & Logistik, Abteilung Repro-Center

Kartenübersicht

(Teil des Hanauer Stadtplanes von 1963)

① Lamboystraße 55 – unsere Wohnung

② Kasernengelände im Lamboy

③ Block Lamboystraße 9 – 13a mit unserem Milchgeschäft

④ Kleingartenanlage mit Brennstoffhändler vor dem Bahnübergang

⑤ Wilhelmsbrücke

⑥ Lamboywald

⑦ Aral-Tankstelle mit VW-Werkstatt

⑧ Milchzentrale Hanau

⑨ Gleislager der Bundesbahn

⑩ ehemaliges Kleingartengelände

⑪ unser Haus- und Zahnarzt in der Chemnitzer Straße

⑫ Gebeschusschule

⑬ krumme Kinz

⑭ Monte-Scherbelieno

⑮ Fußgängerbrücke aus Holz am Messeplatz

⑯ US-Panzerwerkstatt

⑰ Turnhalle der Amis

⑱ Schießstand für die Soldaten

⑲ Bundesstraße 8

⑳ Bruchwiesen

㉑ Firma Stück AG

㉒ Kinzigwehr an der alten Mühle

㉓ Tümpelgarten

㉔ Kreuzkirche in der Karl-Marx-Straße

㉕ Eisengießerei in der Schwarzenbergstraße

㉖ Schlossgarten

㉗ Messeplatz

㉘ Bulau – großes Waldgebiet östlich von Hanau

㉙ Hallen- und Freibad

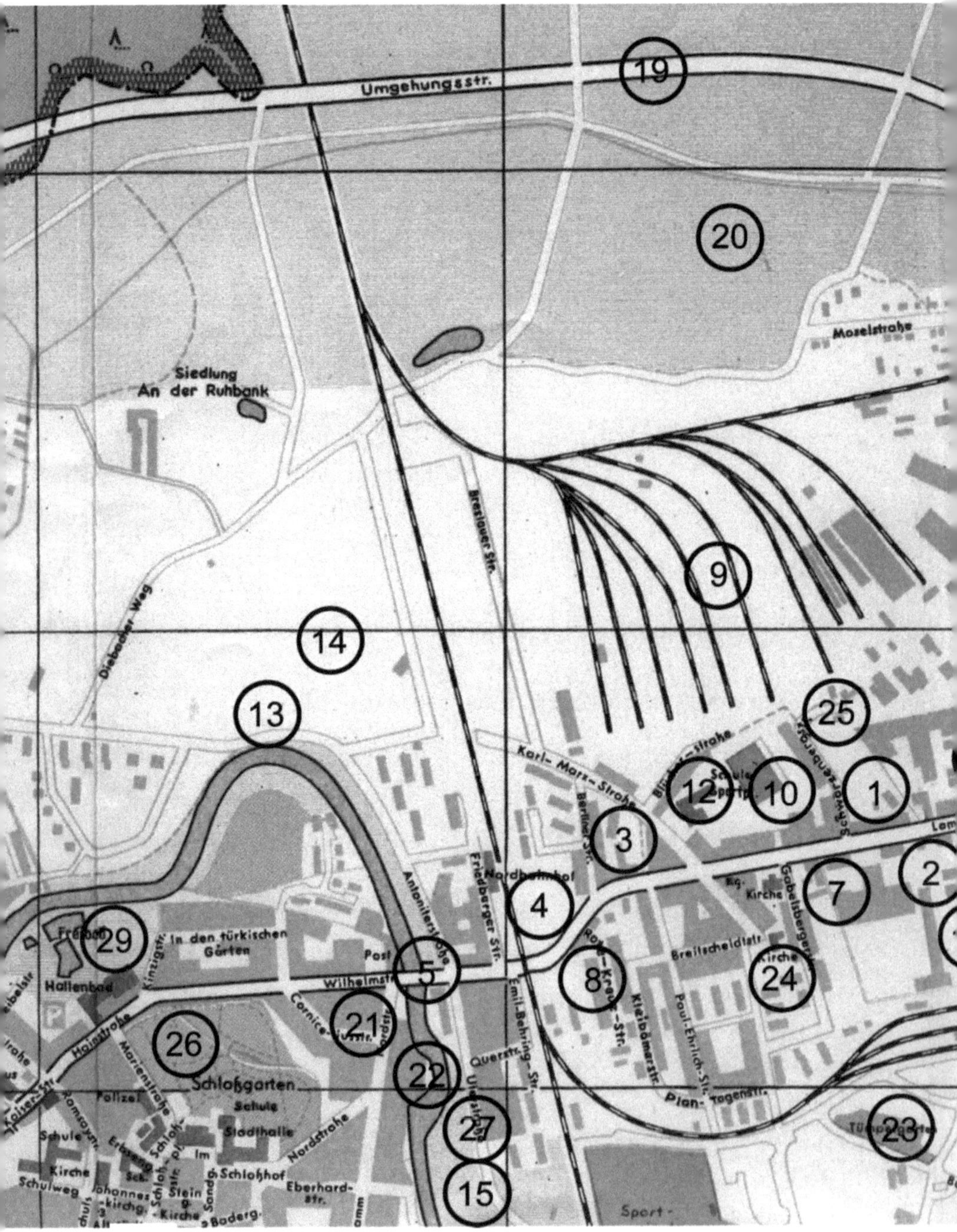
Umgehungsstr.
19
20
Moselstraße
Siedlung
An der Ruhbank
Breslauer Str.
9
Diebacher Weg
14
13
25
Karl-Marx-Straße
Schule
12
10
1
Berliner Str.
3
Friedberger Str.
Nordbahnhof
4
Kirche
Gabelsbergerstr.
7
2
Antoniterstraße
Freibad
29
In den türkischen Gärten
Kinzigstr.
Post
5
Breitscheidstr.
Kirche
24
8
Kleiböhmerstr.
Wilhelmstr.
Hallenbad
21
Emil-Behring-Str.
Paul-Ehrlich-Str.
26
Marienstraße
22
Querstr.
Schloßgarten
Polizei
Schule
Plan-Togenstr.
23
27
Stadthalle
Schule
Kirche
Schulweg
Schloßhof
Nordstraße
15
Eberhard-str.
Kirche
Sport-

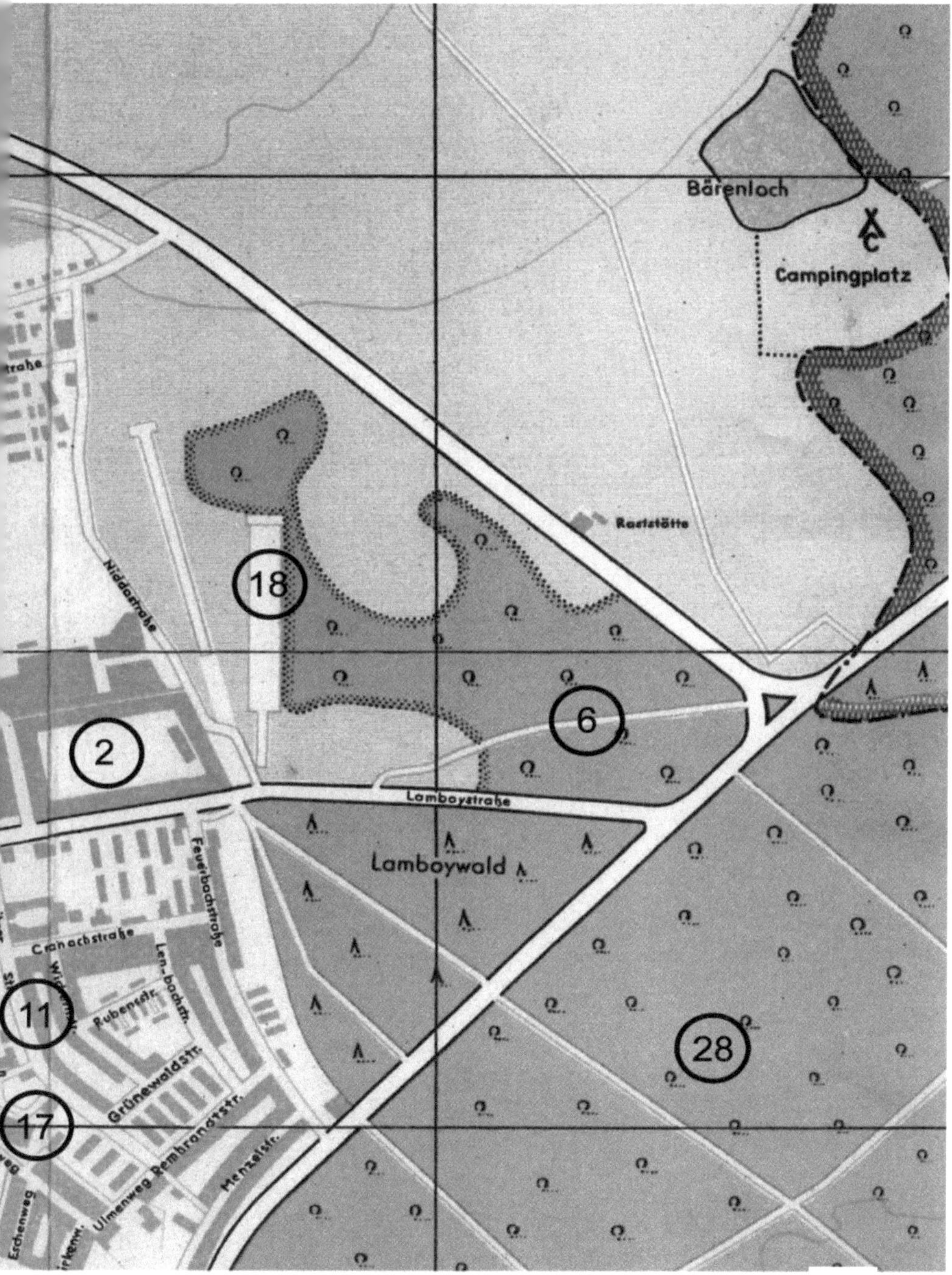
Bärenloch
Campingplatz
Raststätte
18
2
6
Lamboystraße
Lamboywald
Niddastraße
Feuerbachstraße
Cranachstraße
Rubensstr.
Lenbachstr.
Grünewaldstr.
Rembrandtstr.
Menzelstr.
Ulmenweg
Eschenweg
11
17
28